Michel André

En marche vers le vrai bonheur

Michel André

En marche vers le vrai bonheur

Parcours de formation en relation avec la catéchèse

Éditions Croix du Salut

Impressum / Mentions légales
Bibliografische Information der Deutschen Nationalbibliothek: Die Deutsche Nationalbibliothek verzeichnet diese Publikation in der Deutschen Nationalbibliografie; detaillierte bibliografische Daten sind im Internet über http://dnb.d-nb.de abrufbar.
Alle in diesem Buch genannten Marken und Produktnamen unterliegen warenzeichen-, marken- oder patentrechtlichem Schutz bzw. sind Warenzeichen oder eingetragene Warenzeichen der jeweiligen Inhaber. Die Wiedergabe von Marken, Produktnamen, Gebrauchsnamen, Handelsnamen, Warenbezeichnungen u.s.w. in diesem Werk berechtigt auch ohne besondere Kennzeichnung nicht zu der Annahme, dass solche Namen im Sinne der Warenzeichen- und Markenschutzgesetzgebung als frei zu betrachten wären und daher von jedermann benutzt werden dürften.

Information bibliographique publiée par la Deutsche Nationalbibliothek: La Deutsche Nationalbibliothek inscrit cette publication à la Deutsche Nationalbibliografie; des données bibliographiques détaillées sont disponibles sur internet à l'adresse http://dnb.d-nb.de.
Toutes marques et noms de produits mentionnés dans ce livre demeurent sous la protection des marques, des marques déposées et des brevets, et sont des marques ou des marques déposées de leurs détenteurs respectifs. L'utilisation des marques, noms de produits, noms communs, noms commerciaux, descriptions de produits, etc, même sans qu'ils soient mentionnés de façon particulière dans ce livre ne signifie en aucune façon que ces noms peuvent être utilisés sans restriction à l'égard de la législation pour la protection des marques et des marques déposées et pourraient donc être utilisés par quiconque.

Coverbild / Photo de couverture: www.ingimage.com

Verlag / Editeur:
Éditions Croix du Salut
ist ein Imprint der / est une marque déposée de
AV Akademikerverlag GmbH & Co. KG
Heinrich-Böcking-Str. 6-8, 66121 Saarbrücken, Deutschland / Allemagne
Email: info@editions-croix.com

Herstellung: siehe letzte Seite /
Impression: voir la dernière page
ISBN: 978-3-8416-9839-1

Copyright / Droit d'auteur © 2013 AV Akademikerverlag GmbH & Co. KG
Alle Rechte vorbehalten. / Tous droits réservés. Saarbrücken 2013

EN MARCHE VERS LE VRAI BONHEUR
PARCOURS DE FORMATION EN RELATION AVEC LA CATECHESE

AVANT-PROPOS

La catéchèse est le moyen, pour ceux qui veulent « suivre le Christ » :
- soit d'accéder au baptême, qui les intégrera à l'Eglise, s'ils sont « catéchumènes »
- soit d'acquérir et développer, au sein de l'Eglise, leur adhésion au Christ, s'ils sont déjà baptisés. Et, si ce baptême a été demandé pour eux, dans leur enfance, **la catéchèse doit déboucher sur une confirmation explicite de leur adhésion au Christ.**

Pour réaliser son but, la catéchèse s'appuie sur la Révélation.
Cette Révélation a été confiée par le Christ à son Eglise, pour toutes les générations à venir. C'est là le fond de ce qui est transmis, le « noyau dur » de la catéchèse, qui ne saurait être altéré. Quant à la forme que doit revêtir cette transmission, **elle doit permettre l'assimilation de ce dépôt de la foi qu'est le « noyau dur » de la catéchèse, la Bonne Nouvelle apportée par Jésus.**
Il est essentiel de considérer les capacités de réception de la Bonne Nouvelle par ceux à qui s'adresse la catéchèse et de favoriser cette réception.
Il ne s'agit nullement d'altérer le contenu, **mais de le rendre assimilable.** Cette nécessité saute aux yeux lorsqu'on constate, hélas, qu'après le parcours catéchétique suivi par les jeunes, leur pratique religieuse cesse la plupart du temps et que, devenus adultes, ils affichent une discordance entre ce qu'ils étaient censé intégrer et leur comportement concret dans la vie quotidienne ! Cela montre que la catéchèse suivie par ces jeunes, même si elle a été le fidèle reflet du dépôt de la foi, n'a pas été suffisamment assimilée.

Cela n'est pas étonnant quand on constate que l'on n'a pas apporté à ces jeunes tous les éléments nécessaires à **la compréhension de ce qu'ils sont,** de ce qui constitue leur personne, de ce qu'ils ressentent en leur corps, âme et esprit.

Il existe chez eux une soif inassouvie de connaissance, portant sur leurs désirs, sur le cheminement de ceux-ci dans leur personne et sur les possibilités de les maîtriser….

On n'a pas fourni à ces jeunes **les arguments péremptoires** de la **spécificité de la personne humaine** par rapport aux « animaux supérieurs ». Rien d'étonnant, alors, que leur comportement humain concret prenne rapidement modèle sur celui des animaux !

On a laissé un flou entre « convictions » et « certitudes ». Et, dans ce flou, on a laissé s'introduire une confusion majeure concernant l'amour ! De celui-ci, d'ailleurs, il n'a pas été donné, en général, de définition suffisamment claire, ce qui favorise de dommageables confusions !

On a laissé une prédominance de fait à la « raison seule », sans situer la « croyance » par rapport à la « foi ».

Avec le flou entourant la définition, chez l'homme, de l'âme et de ses rapports avec l'esprit, on a minimisé l'action même de la « grâce » venant de l'Esprit.

Il est grand temps de faciliter l'accès au trésor de la foi sur lequel l'Eglise est chargée de veiller, en facilitant l'intégration du « noyau dur » de la catéchèse **par une meilleure connaissance de l'homme global : corps, âme, esprit.**

Certains diront, avec juste raison, que cette connaissance de l'homme global n'est pas la catéchèse elle-même. Mais le lien entre les deux est formel.

L'enseignement actuel de la catéchèse a trop souvent quelque similitude avec celui du code de la route quand ce dernier est donné sous la forme d'un règlement sans explication suffisante. Il est indispensable au conducteur de connaître ce qu'est un véhicule, son fonctionnement, ce qui est en jeu chez celui qui conduit (ses réflexes, ses capacités réactionnelles, ses craintes, sa mentalité, la considération qu'il a des autres usagers de la route, ses devoirs et ses droits…). Faute de cela, l'observance du code de la route n'est qu'un « vernis superficiel », contourné sans état d'âme à la première occasion. Ainsi en va-t-il, chez un grand nombre de « pratiquants », occasionnels ou même assidus, par rapport aux « restes » de la catéchèse reçue dans l'enfance et l'adolescence !

La nécessité, pour la catéchèse, de s'adresser à « l'homme global » étant donc évidente, il nous faut préciser maintenant le « sens » de la démarche en vue d'atteindre cet « homme global ».

Est-ce à partir de sa partie « matérielle » (« corps » et « âme corporelle », au moyen de son « ordinateur cérébral ») que l'homme doit établir la Vérité ou à partir de son esprit qu'il doit accueillir cette Vérité émanant de l'Esprit de Dieu ? Le sens doit-il être ascendant ou descendant ?

Le sens ascendant, c'est celui des « matérialistes » qui ne croient pas en l'esprit de l'homme …et encore moins en l'Esprit Saint. La raison et la psychologie humaine relèvent, pour eux, uniquement de la « matière » et équivalents. Pour eux, l'homme n'a donc de compte à rendre qu'à lui-même.

Le sens « descendant », c'est celui des « spiritualistes » pour qui raison et psychologie sont « filles » d'un esprit humain indépendant de la « matière ». Cet **esprit humain est en relation étroite avec l'Esprit divin, l'Esprit Saint.** Par le biais de cet esprit humain en relation avec l'Esprit de Vérité, la **raison et la psychologie humaine sont normalement au service de la Vérité….et non l'inverse** !

C'est dans ce sens que nous avons envisagé l'apport du présent document de travail, en relation avec la catéchèse habituelle et nous paraissant **utile pour l'intégration harmonieuse de celle-ci. Le « psychologique » y est donc bien à sa place, par rapport à la « catéchèse » elle-même !**

Ce document a été mis au point par une équipe de « catéchistes », de prêtres et de diacres. Il a été expérimenté avec les élèves et accueilli très favorablement. Il est ouvert à toute critique et apport constructifs que nous sollicitons de nos lecteurs et dont nous les remercions à l'avance!

Monseigneur Gilbert AUBRY
Evêque de Saint-Denis de La Réunion

Joie et Espérance
Justice et Paix

« EN MARCHE VERS LE VRAI BONHEUR ! »

Je soussigné Monseigneur Gilbert AUBRY, évêque de Saint-Denis de La Réunion,

Ayant reçu du Père Daniel Woillez, C.S.Sp. et théologien, le nihil obstat à l'ouvrage de Michel Marie ANDRE, diacre permanent, le 8 septembre 2012,

Accorde l'imprimatur à ce même ouvrage en date du 1er octobre 2012.

Le diacre Michel Michel ANDRE peut donc faire imprimer et diffuser son ouvrage avec les mentions suivantes :

nihil obstat	imprimatur
Daniel Woillez	Mgr Gilbert Aubry
le 8 septembre 2012	évêque de Saint-Denis de La Réunion
Saint-Denis – La Réunion	le 1er octobre 2012

Pour valoir ce que de droit
Pour la plus grande gloire de Dieu et le salut des âmes

Monseigneur Gilbert AUBRY

TABLE DES MATIERES
PRESENTATION DES DIFFERENTS CHAPITRES

Ce « parcours » a l'ambition d'apporter aux adolescents la connaissance de leur **véritable identité, orientée vers le bonheur via l'amour véritable.** Il veut les aider à progresser en amour en utilisant les capacités que leur offre, en ce sens, entre autres, leur sexualité bien comprise.

CHAP. 1: **Qui suis-je ?** .... P.9 à 22
Ce premier chapitre porte sur **l'identité de l'être humain** et, en particulier sur ce qui le différencie catégoriquement de l'animal : **l'esprit.** Ceci en précisant également ce que l'homme partage avec l'animal : **sa « matérialité ».**
Il y a une différence essentielle entre la « chair », qui relève de la « matière », vouée à la mort et l'esprit, immortel, qui est indépendant de la matière et en lien direct avec l'Esprit de Dieu.
La personne humaine est dotée de conscient, subconscient, inconscient.
Il existe relations et interférences entre les constituants de la personne humaine.
La personne humaine n'est pas un « animal supérieur ».

CHAP. 2 : Créés pour le bonheur.. P.23 à 30
Il s'agit de placer cet être humain dans le cadre de **la « création » de l'univers.** On a donc présenté, de façon objective et prudente, les connaissances humaines actuelles sur cet univers, dans leur relation à ce que la Révélation nous dit du Plan de Dieu.
1) L'univers est création de Dieu
2) Cette création est continue
3) Elle a un but : le BONHEUR par l'AMOUR
4) La science cherche « comment » expliquer l'univers
5) La Bible nous enseigne le « pour quoi » de la création

CHAP.3: Boire à la source de l'amour..P. 31 à 37

Nous aspirons tous au BONHEUR

Nous avons **besoin d'être aimé et d'aimer (besoin fondamental de l'homme)**
Notre BONHEUR véritable réside dans l'AMOUR.

Pour être remplis d'amour, il faut être branché sur la source de cet AMOUR qui est DIEU Lui-même.

CHAP. 4: La liberté, le mal..P. 38 à 44
- La liberté est la capacité de choisir librement et non de faire ce que l'on veut.
- On appelle emprise ce qui empêche d'être vraiment libre.
- C'est Jésus qui nous rend vraiment libres (Jn 8, 36).
- Dieu a donné à l'homme le choix libre entre l'adhésion à l'amour et le refus de l'amour.
- La liberté entraîne la responsabilité.
- Sans liberté, on ne peut aimer.
- Le Mal résulte du refus de l'amour.

CHAP. 5: Grandir en amour, pour le bonheur ....P. 45 à 50

Notre vie a un sens qui est l'obtention du bonheur ! Ce bonheur, dont on a vu qu'il ne pouvait s'obtenir que par l'amour, il n'est pas derrière nous mais devant nous, en plénitude dans le Royaume.

Choisir de grandir en amour est dans la dynamique caractéristique de l'homme, dans la « mentalité co-créatrice ».

Celui qui refuse de grandir en amour (mentalité de consommateur) régresse !

Un choix libre est donc offert à l'humanité : **être le bon gérant** de la création, dans la soumission au Plan d'amour de Dieu (donc dans une saine écologie !)...**ou disputer à Dieu la propriété de cette création** et prétendre aux pleins pouvoirs sur elle. Cela revient à poser la question: « qui, de Dieu ou des hommes a qualité pour déterminer le Bien et le Mal ? ».

CHAP. 6 : la sexualité .... p. 51 à 59
Il faut bien différencier sexualité animale et humaine.
La sexualité humaine est scientifiquement déterminée par des critères objectifs. Ce n'est pas une « vue de l'esprit ». La sexualité concerne tous les humains, elle est incontournable. Par contre, l'usage de la « génitalité » est facultatif.
Le but de la sexualité humaine, **dans le Plan de Dieu**, est, pour certains, la procréation par le biais de la génitalité. Pour tous, par contre, il est de nous faire grandir en amour à travers même la « fréquentation » homme/femme et, éventuellement, le rapprochement aussi sur le plan « génital » dans le mariage.
Les anomalies dans la détermination sexuelle sont rares. Beaucoup plus fréquentes sont les **anomalies** dans le comportement sexuel (par exemple, homophilie, homosexualité….).

CHAP. 7: les désirs .... p. 60 à 81
Nos désirs sont multiples, mais il en est un qui est **fondamental**, c'est celui d'être aimé et d'aimer. L'évaluation de nos désirs doit se faire par rapport à leur relation avec l'amour. Il y a une hiérarchie dans la valeur de nos désirs.
 Est bon tout désir qui fait grandir en amour, est mauvais tout désir qui porte atteinte à l'amour.
La satisfaction ou l'insatisfaction de nos désirs entraînent des conséquences.
Quand l'insatisfaction porte sur le « désir fondamental », il en résulte en nous le sentiment de « culpabilité/infériorité » représentant un obstacle à l'amour.
Comprendre le cheminement, en nous, de nos désirs est essentiel. Ceci afin de les diriger par notre volonté, à la Lumière du Christ, vers le Bien (l'amour) au lieu d'être submergés par eux, sans même toujours comprendre pourquoi

CHAP. 8 : L'amour .... p82 à 89
- Définition : L'amour est **volonté et réalisation** de don et d'accueil, en vue du bonheur.
- L'équilibre entre ces deux composantes est indispensable.
- Il n'y a **pas d'amour sans liberté**.
- L'amour suppose la **confiance (en Dieu, source de l'Amour**, en l'autre, en soi).
- L'amour suppose l'acceptation d'une dépendance (d'amour et non aliénante).

CHAP. 9 : Maîtrise de la sexualité .... p 90 à 95

La maîtrise de notre sexualité consiste à **la rendre conforme au Plan de Dieu sur nous et sur les autres.** Nous ne sommes que les gérants de notre sexualité, c'est Dieu qui en est le propriétaire et qui en a fixé le but.

Cette maîtrise passe par la réduction de notre sentiment de culpabilité/infériorité, par un ajustement à la VERITE de notre « position de vie ».

Elle est axée d'abord sur la « pureté » qui est **transparence à la volonté de Dieu sur notre sexualité**. Elle l'est ensuite sur **la chasteté** qui est **l'application de cette pureté dans le concret variable de la vie de chacun** selon l'appel de Dieu sur lui.

Pureté et chasteté concernent tous les hommes puisque tous appelés à l'amour !

L'obtention ou même la recherche de plaisir dans la sexualité est bon, à condition que ce soit en conformité à l'amour véritable!

La « **sublimation** » est un élément important de la maîtrise sexuelle et, à ce titre, concerne tous ceux qui veulent vivre pureté et chasteté en vue de l'amour, dans le Plan de Dieu.

CHAPITRE 1

QUI SUIS-JE ?   ou   LA PERSONNE HUMAINE

Cette première étape du cheminement est d'une importance capitale pour **différencier l'homme de l'animal, la destinée de l'un et de l'autre et donc le sens divergent de leur vie !**
Il est essentiel d'aider, dans un premier temps les instructeurs à s'approprier ces notions, pour pouvoir ensuite les expliquer aux jeunes dans un langage qu'ils comprennent.
C'est pour cela que l'on est allé « au fond des choses », afin de les clarifier. L'expérience montre que les instructeurs, aussi bien que les jeunes, sont parfaitement aptes à comprendre et assimiler ces notions de base concernant la foi. C'est aussi l'occasion de vivre une « année de la foi » !

CE QU'IL FAUT FAIRE PASSER

Nous sommes des « personnes humaines », caractérisées par leur structure et par ce qui anime cette structure. Nous ne sommes pas des « animaux supérieurs ».

PRESENTATION DU SUJET :

1) STRUCTURE DE LA PERSONNE HUMAINE

Saint Paul nous dit, dans 1 Th 5, 23, qu'elle est composée de trois parties :
- **Le corps**
- **L'âme**
- **L'esprit**

- **Le corps** est la partie la plus accessible, car elle est « matière ». On peut voir le corps, le toucher, analyser ses composants par l'observation scientifique.
- **L'âme** apparaît composée de deux parties :

a) La première est très liée au corps et, de ce fait, peut être appelée « âme corporelle » C'est là que nous éprouvons certaines **« sensations »**. Ces sensations viennent de nos sens, donc de notre corps.

Les **sensations** se produisent au niveau de « notre âme corporelle», après enregistrement, par notre « ordinateur cérébral », des données, véhiculées par notre « système nerveux » depuis les récepteurs de notre corps. Elles sont « traitées » par cet « ordinateur cérébral» qui assure, entre autres, leur enregistrement en mémoire, leur association à d'autres données pour en produire de nouvelles et, aussi, générer nos « sensations ».

Mais ces « sensations » ne représentent qu'une partie de la production de notre « ordinateur cérébral ».

Au niveau de celui-ci se réalise tout un travail d'analyse, de synthèse, de classification, mémoire, imagination qui sera à la base de ce qu'on appelle **la réflexion intellectuelle, la pensée**, indispensables à la personne humaine pour la conduite de sa « vie de relation » avec tout ce qui l'entoure. Notre « personne humaine» réalise la maîtrise de son milieu grâce aux données que lui fournit la science et ses développements pratiques, résultant du travail de l'« ordinateur cérébral » humain.

On voit donc que **cette partie de l'âme, qui est en relation étroite avec notre corps, dépend de la matière dont est fait ce corps, dont le cerveau** et, comme ce corps, elle est destinée à « retourner en poussière » quand la vie se sera retirée du corps. Après la mort, notre « ordinateur cérébral », entre autres, n'est plus en état de fonctionner et subit une dégradation irréversible, en sens inverse de la maturation progressive qui l'a amené, depuis les débuts de la vie embryonnaire jusqu'à son état de pleine capacité.

Durant notre vie, cette partie de l'âme très liée au corps est donc le lieu de nombreuses « **sensations** », comme, par exemple, le chaud, le froid, la sensation de bien-être physique, de confort, de sécurité, **l'attirance « amoureuse » physique.** Elle est aussi le lieu du mal-être, de la **douleur**, de la sensation de danger, de la peur, de la panique de la répulsion physique! Les liens très forts avec le corps en font vraiment une « âme corporelle ».

1) **L'autre partie de l'âme est, au contraire, en relation avec une autre structure de notre personne qui est l'esprit !** C'est « l'âme spirituelle ». En elle, nous éprouvons des sentiments profonds, en relation avec l'affectivité profonde. Ainsi éprouvons-nous **le sentiment amoureux**, l'attirance amicale, la bienveillance, la quiétude, mais aussi l'appréhension, la **souffrance**. De même, nous y éprouvons la suspicion, l'agressivité, la rancune, l'envie, la jalousie….. **Ces sentiments profonds** trouvent leur origine dans la troisième structure de notre personne, la plus « profonde », **la plus intime de notre personne qui est l'esprit.**

Cette partie de l'âme, dite « spirituelle », n'est pas sous la dépendance du corps et de la matière, comme l'est l'âme corporelle. Elle est, par contre, sous celle de l'esprit auquel elle est étroitement associée.

Cette « âme spirituelle » suit la destinée immortelle de l'esprit après la mort.

En conclusion, on peut dire que **l'âme, avec ses deux composantes, corporelle et spirituelle, fait le lien** entre ces deux composantes caractéristiques de l'homme que sont son corps et son esprit.

Lorsqu'il est dit, dans le récit biblique de la création, que Dieu insuffla « l'âme » en l'homme, cela évoque le lien spécifique, chez l'homme entre le corps, tiré de « la poussière du sol (la matière) » et l'esprit, venant de l'Esprit de Dieu.

L'esprit

C'est une structure totalement distincte de la matière et, en particulier, de notre « ordinateur cérébral ». Il n'est pas un lieu de la « pensée » dans la mesure où il ne produit pas le « raisonnement » qui est fruit de notre « ordinateur cérébral ».

Il est, par contre, siège de l'amour agape, comme le corps est siège de l'amour éros et l'âme siège de l'amour philos.

C'est en lui que s'exprime cette « image de Dieu » qu'est l'homme, du fait qu'il a, en lui, le **besoin infini d'être aimé et d'aimer**. C'est au niveau de l'esprit que va s'exprimer <u>la confiance</u> d'amour, qui est la base nécessaire à tout amour agapè. C'est donc à son niveau que va se faire, selon le cas, le **choix de l'amour, ou le refus de celui-ci** sous forme d'indifférence ou de haine.

C'est enfin, et surtout, au niveau de l'esprit que chaque homme entre en **relation d'intimité avec Dieu**, dans la mesure où il ouvre à Celui « qui se tient à la porte et y frappe » (Ap 3,20), ou bien dans la mesure où il ne le rejette pas quand Dieu fait irruption en lui, comme cela est arrivé à Paul sur le chemin de Damas.

Quand on parle de l'esprit comme **lieu de la confiance**, il s'agit de la « **confiance d'amour** » basée sur une **certitude** et non de la « confiance de raison » basée sur des **convictions** (siégeant donc, elle, dans l'âme corporelle).

Cette confiance d'amour, base de l'amour agapè est une grâce, donnée par l'Esprit de Dieu à l'esprit de l'homme. **C'est la certitude que Dieu est Amour** et qui s'impose à notre esprit, sous l'action de l'Esprit Saint (cf Rm 8, 15-16), comme d'autres certitudes, dont la plus « banale » car **commune à tous les hommes, est « la certitude d'exister »**.

<u>Cette certitude d'exister</u> est essentielle, communicable aux autres humains.

Les matérialistes, à la suite de Descartes, font reposer cette certitude d'exister sur l'affirmation « **je pense, <u>donc</u> je suis** !.... ». Ils lient la certitude d'exister à la pensée, à la raison, c'est-à-dire à « l'ordinateur cérébral » matériel et périssable de « l'âme corporelle ». Mais en disant « je », ils ne se sont pas aperçu qu'ils affirmaient, par là, leur certitude d'exister, **antérieure, donc, à toute pensée**, à toute intervention de l'ordinateur cérébral. Donc, leur certitude d'exister, puisqu'elle est indépendante de la « matière » provient forcément de cette réalité autre que la matière et qui est l'esprit!

Différence entre certitudes et convictions

Les convictions proviennent de la partie matérielle de la personne humaine, les certitudes naissent dans sa partie spirituelle.

La pensée raisonnante de « l'âme corporelle » ou « raison » débouche sur des « convictions » qui n'ont rien à voir avec les « certitudes » nées de l'esprit. De même que la pensée provient de la matière, de même l'esprit et ses certitudes proviennent d'un Esprit immatériel qui n'est autre que « Dieu ». On vient de voir qu'à côté de la certitude princeps d'exister qui est en toute personne humaine, il y a aussi d'autres certitudes auxquelles l'esprit humain peut accéder, **sans passer, là non plus, par la « raison », laquelle, de ce fait n'a pas le droit de s'interposer entre l'esprit de l'homme et l'Esprit de Dieu.** C'est d'ailleurs ce que l'expérience « spirituelle » confirme abondamment.

Mais, si la « pensée », au niveau de l'âme corporelle est incapable de certitude, elle est productrice, heureusement de nombreuses **« convictions » qui** sont le résultat du magnifique travail des « scientifiques » (qui méritent ainsi le titre de co-créateurs »).

Ces convictions concernent ce qui est observable dans la partie de l'univers accessible à nos moyens d'exploration. Elles produisent des « lois » permettant à l'humanité de progresser en connaissance et dans l'application pratique de ces connaissances aux diverses activités humaines. Malheureusement, nos connaissances sur l'univers sont limitées par l'existence des **« deux infinis »** et l'impossibilité de leur exploration complète. On constate même, en fait, que plus les connaissances augmentent et plus il y a de questions irrésolues.

Dans ces conditions, **nous évoluons dans notre monde de façon pragmatique,** en essayant de mettre le maximum de chances de notre côté. Mais nous savons bien, par exemple, qu'en prenant l'avion pour une destination donnée, nous avons la conviction d'arriver à telle heure, mais pas la certitude !

Opposition entre CHAIR et ESPRIT

De tout ce qui précède on peut conclure que **la différence est catégorique entre matière et esprit, entre les animaux et les humains. Nous ne sommes pas des « animaux supérieurs » mais des humains « images de Dieu ».**

On comprend alors la distinction que Saint Paul fait catégoriquement entre « chair » et « esprit » et, tout en distinguant corps, âme et esprit, on peut mettre une ligne de démarcation, passant au milieu de l'âme et séparant d'un côté le corps et « l'âme corporelle » et de l'autre l'esprit et « l'âme spirituelle ».

CONNEXIONS ENTRE STRUCTURES DE LA PERSONNE

Les connexions entre les différentes structures de notre « personne humaine », celles dépendantes de la matière et celles dépendant de l'esprit, sont importantes durant notre vie. Il y a **retentissement réciproque**. Ce qui se passe au niveau de mon corps retentit aux deux niveaux, corporel et spirituel de mon âme et au niveau de mon esprit et réciproquement! Si, par exemple, j'entretiens de l'agressivité à partir de la haine, au niveau de mon « âme spirituelle », c'est parce que j'ai choisi de refuser l'amour, **au niveau de mon esprit** et cela aura des retentissements sur mes sensations et même mon corps.

Ces connexions cessent après la mort qui anéantit tout ce qui relève de la matière, cependant que survit tout ce qui relève du « spirituel ».

Ceci est un trait essentiel de la différence entre l'homme et les animaux dits « supérieurs »!

2) ANIMATION DE LA PERSONNE HUMAINE

Elle est le fait de cette réalité personnelle qu'est **la conscience**.
Nous avons **une conscience** qui comporte :

- La conscience de soi
- La conscience morale

La conscience de soi

Selon le dictionnaire, c'est « la perception plus ou moins claire de phénomènes en relation avec notre existence ». C'est dire que cette « conscience » comporte plusieurs zones, correspondant, chacune, à des degrés différents de clarté de cette perception. Ces zones sont:
le conscient, le subconscient et l'inconscient. Cf tableau plus loin.
Le **conscient,** c'est ce dont nous avons conscience dans l'immédiat car présent à nos sens, à notre perception des choses, tant matérielles qu'immatérielles, sentimentales ou affectives et spirituelles.
Description: La maison et la cave
Le conscient est figuré, sur le tableau, par la partie de la maison éclairée par l'ampoule. Au contraire, le **subconscient,** figuré par le placard, est en dehors de la lumière que fournit la lampe. Mais les souvenirs qu'il contient peuvent être ramenés au conscient si on ouvre volontairement le placard pour les y chercher.
La cave figure l'inconscient, qui est en dehors de la lumière. On ne voit pas ce qui s'y cache. Pourtant elle contient les souvenirs de toutes nos sensations et sentiments éprouvés depuis notre conception et « oubliés ». Or, les imbrications, entre eux, vont donner naissance à des « désirs » inconscients, chargés d'une force tendant à les faire sortir de la cave pour s'accomplir consciemment. On ne parle pas, ici, des actes automatiques tels que la respiration, le balancement des bras lors de la marche…etc. mais de **désirs** qui sont des démarches de notre personne en vue de la satisfaction de besoins. Sous jacents à nos actes et même à nos pensées se trouvent effectivement des désirs, véritables moteurs de la personne humaine.

Le désir fondamental de toute personne humaine est celui d'être aimée et d'aimer. La foule des autres désirs est secondaire à celui-ci. Ce désir fondamental, qui est au centre de notre esprit, même si nous n'en avons pas toujours conscience, est l'initiateur principal de nos pensées et de nos actes.
Les désirs suivent, dans la personne humaine, un cheminement au cours duquel interviennent plusieurs structures de celle-ci.
cf « cheminement des désirs » (chapitre 7).

La conscience morale

Elle comporte tout ce qui permet à notre personne de distinguer le Bien du Mal et nous pousse à choisir le Bien et rejeter le Mal. Elle est donc amenée à opérer un tri entre nos désirs.
C'est pourquoi son étude a été placée dans le chapitre 7 qui traite des DESIRS.
Après cette étude de la personne humaine, nous abordons la présentation, aux jeunes, de ce qui en découle

ABORD PEDAGOGIQUE Trois découvertes à offrir aux jeunes :
   1) **Découvrir les structures de notre personne**
Pour cela, partir des besoins ressentis par eux dans l'exercice d'activités courantes. On propose d'étudier des activités **dans 4 secteurs** :
   - *Scolaire - Familial (relations dans la famille) - Loisirs - Religieux*
Tous les besoins que les jeunes vont énumérer sont alors écrits en vrac sur un premier tableau pour le secteur choisi.
Exemples :
   a) Pour manger mon repas, de quoi ai-je besoin ?
   b) Pour jouer à la récréation « « « « « « « « ?
   c) Pour faire un câlin avec mon petit frère de 3 ans, de quoi ai-je besoin ?
   d) Pour aller faire du vélo avec mon père « « « « « « « « « « ?

e) Pour prier le soir avant de dormir « « « « « « « « « « « ?

On demande alors aux jeunes de déterminer les besoins dans le secteur choisi :

a) Pour manger mon repas, de quoi ai-je besoin ?
Réponses possibles :
- ma bouche, ma langue, mes dents, mes mains, mon estomac ...

Ces éléments de réponse seront mis sur un premier tableau et groupés en catégories. Ainsi, bouche, dents, langue seront groupés comme « appareil digestif ». De même, couteau, fourchette, etc....sera inscrit comme « matériel pour manger »
- mais aussi il faut quelque chose dans l'assiette. On le marquera comme « nourriture préparée ». Il faut quelqu'un qui a préparé cela pour moi, avec qui j'ai convenu de venir à table à un moment donné. On marquera cela dans la catégorie « programme de ma journée » puisqu'il y a des moments pour travailler, d'autres pour manger et que je dois me souvenir quand il faut le faire et comment le faire.
- La personne qui me procure à manger me veut du bien car **j'ai avec elle des liens d'amour, directs ou indirects** et, au bout du compte, cette nourriture, **c'est Dieu qui me l'a procurée, car Il m'aime** (ce dont je dois le remercier). J'inscris cela dans la catégorie : « vie familiale », « vie sociale » et « amour » de mes parents et de Dieu pour moi !

Toutes ces catégories écrites en vrac sur le premier tableau sont regroupées et réparties ensuite sur deux autres tableaux
- Soit sur un tableau des besoins relatifs au **corps et à l'âme corporelle**
- Soit sur un tableau des besoins relatifs à l'esprit et à l'**âme spirituelle**

Besoins	Structure concernée
- bouche, dents, langue … : appareil digestif - couteau, fourchette, assiette … : matériel	**Corps** - appareil digestif - nourriture préparée
- riz, pain, boisson … : nourriture préparée - ritualisation du repas (moment prévu pour ce repas) : programmation de ma journée - goût, mémoire du goût - celui, celle qui prépare ; celui ou celle qui me donne à manger : vie familiale, vie sociale	**Ame corporelle** - goût, mémoire du goût - ritualisation du repas
	Ame spirituelle - Soins des parents pour leurs enfants…. - vie familiale, plaisir de se retrouver ensemble…. **Esprit** - Amour de Dieu pour nous - Reconnaissance à Dieu

b) pour jouer à la récréation de quoi ai-je besoin ?

Réponses possibles : (on procède de la même manière)
- mes jambes, mes mains, ma langue, mes yeux …
- mon imagination pour inventer un jeu, l'expliquer aux copains et pour m'amuser en le jouant,
- une bonne amitié avec les autres, capable de surmonter les conflits de compétition, jalousie, vanité, qui sèment la dispute…et de créer un véritable **« climat d'amour fraternel »** !

Les réponses sont classées par catégories, comme pour le « dîner » et seront réparties sur les deux autres tableaux

c) Pour faire un câlin avec mon petit frère de 3 ans, de quoi ai-je besoin ?

Réponses possibles :
- mes bras, ma bouche, mes yeux (mettre dans une catégorie « moyens de relation » sur le premier tableau et ensuite au tableau « chair/corps »)
- avoir des mouvements doux pour ne pas le brusquer…me souvenir de ce qui lui plait ou lui déplait, imaginer de nouveaux jeux ... (ira au tableau chair/ âme corporelle)
- chasser de mon cœur tout ce qui a pu être jalousie par rapport à lui et, au contraire, accepter de faire tout ce que je peux pour son bonheur….sans céder à ses colères et tentatives de m'utiliser pour ses caprices, même s'il me fait la tête à cause de cela ! Bref accepter le rôle de grand frère ou grande sœur dans **l'amour fraternel** ! (transférer sur « esprit » « section : âme spirituelle ou section : esprit» selon le cas).

d) Pour aller faire du vélo avec mon père de quoi ai-je besoin ?

Réponses possibles :
- mes jambes, mon cerveau dont dépend mon équilibre, mes oreilles et mes yeux pour entendre et voir piétons et voitures…(seront pour la section « corps » dans le tableau « chair »)
- ma mémoire du code de la route et des recommandations de mon père, tous mes efforts pour entretenir mon vélo en bon état (ira sur la section « âme corporelle » dans le **tableau : « chair »**)
- et surtout toute la gentillesse que je vais témoigner à mon père qui avait d'autres choses à faire mais qui va venir **par amour pour moi**, ce dont je vais le remercier par mon attitude à la maison ! (destiné à la section « âme spirituelle » et « esprit » du **tableau « esprit »**).

e) Pour prier le soir avant de dormir de quoi ai-je besoin ?

Réponses possibles :

- j'ai besoin de calme, de silence (donc mettre au repos mes yeux, mes oreilles!)

Me mettre dans l'attitude de mon corps qui convient en présence de Dieu
- exprimer à Dieu mes sensations, mes sentiments, me souvenir de ses bienfaits et lui faire part de mes besoins grâce à ma mémoire ...
- établir avec lui une relation d'amour correspondant au besoin d'être aimé et d'aimer qu'il y a en moi !

Il est facile de répartir ces trois sortes de besoins sur les différents tableaux !

On voit que les différents besoins relèvent des deux tableaux : « chair » et « esprit », dans leurs sections du corps et de l'âme corporelle d'une part, de l'âme corporelle et de l'esprit, d'autre part.

NB Certaines catégories de besoins peuvent relever de deux sections et de chacun des tableaux à la fois.

2) : Découverte de la « globalité » de notre personne

Chacune de nos activités intéresse le corps, l'âme corporelle, l'âme spirituelle ou l'esprit, selon le cas. Elle peut relever de « la chair » ou de « l'esprit ». Donc, notre vie, nos activités ne doivent pas être « compartimentées » comme si elles étaient indépendantes ! Ce que nous faisons avec notre corps, par exemple lors de nos relations avec les autres, aura des conséquences sur notre « esprit ». Notre esprit étant le siège de l'amour véritable, ce que nous faisons avec notre corps favorisera ou nuira à notre esprit !

- et **l'importance et la dignité** de chaque partie de notre personne (notre corps autant que les autres).

Mais c'est au niveau de l'esprit que se manifeste le plus important de notre vie : « être aimé et aimer ». Nous ne sommes ni des anges dépourvus de tout ce qui est « matériel », ni des animaux dépourvus de ce qui est « spirituel ». C'est ce qui fait notre différence avec eux. **Nous devons être équilibrés, mais** c'est **au niveau de notre esprit que doit agir notre volonté**, en accord avec le *Plan de Bonheur de Dieu* sur nous.

Exemple : ainsi, dans mon âme corporelle je puis avoir une répulsion pour mon frère, mais la volonté de l'aimer qu'il y a dans mon esprit me fera l'embrasser quand même : j'ai été maître de mes réactions (surtout si j'ai demandé le secours de Dieu, dans mon esprit !).

Ce qui, en nous, est en relation étroite avec **la matière** (corps et âme corporelle) **disparaîtra à la mort**. Au contraire, ce qui est en relation étroite avec **l'esprit** (âme spirituelle et esprit), qui ne relève pas de la matière et vient de l'Esprit de Dieu) (Gn 2, 7) **survit à la mort**, dans l'attente de la résurrection.

On insistera aussi **sur la certitude d'exister**, caractéristique de l'homme (en tant qu'image de Dieu, de **Dieu** qui s'est défini Lui-même comme étant **« Je Suis »**) !

Exemple : Pour cela, on utilisera la comparaison de l'homme et de l'ordinateur, lequel n'est que « matériel », ne sait pas qu'il existe, n'a pas de volonté propre et qui, un jour, sera détruit !

3) Découverte de notre CONSCIENCE ! Qu'est-ce que c'est?

Notre « conscience » comporte :
- La « conscience de soi »
- la « conscience morale »

a. Conscience de soi: Conscient, subconscient, inconscient

cf tableau au chapitre 7

Explication du tableau de la maison et de la cave (cf chap 7 p. 81)

Le **conscient,** c'est ce dont nous avons conscience dans l'immédiat car présent à nos sens, à notre perception des choses, tant matérielles qu'immatérielles, sentimentales ou affectives.

Le conscient est figuré, sur le schéma, par la partie de la maison éclairée par l'ampoule. Ainsi, le catéchiste qui est devant les jeunes est, dans l'immédiat, dans leur conscient. Au contraire, le **subconscient,** figuré par le placard, est en dehors de la lumière que fournit la lampe ; mais les souvenirs qu'il contient peuvent être ramenés au conscient si on ouvre volontairement le placard pour les

y chercher. Ainsi, si l'on demande à un enfant sa date de naissance à brule-pourpoint, il la dira immédiatement, alors même qu'il n'y pensait pas du tout !
La cave représente l'inconscient. Elle est en dehors de la lumière. On ne voit pas ce qu'elle contient. Pourtant elle conserve les souvenirs de toutes nos sensations éprouvées depuis notre conception et « oubliées ».

Nos rêves représentent comme un débordement de notre inconscient vers le conscient. Il peut être intéressant de montrer aux jeunes ce lien avec ce qui demeure caché dans la cave, en partant de récits de leurs rêves, mais en restant très prudent !

Les imbrications entre les éléments contenus dans l'inconscient vont donner naissance à des « désirs » chargés d'une force tendant à les faire sortir de la cave pour s'accomplir. Mais à la sortie de la cave, ils rencontrent une trappe fermée qui est chargée de « filtrer » les désirs.

Ceux-ci vont donc avoir un cheminement variable jusqu'à leur réalisation concrète éventuelle (cf chap 7: les désirs).

    b. **LA CONSCIENCE MORALE** comporte une évaluation de nos pensées et de nos actes par rapport au Bien et au Mal. Cette évaluation se fait donc en
fonction de l'amour puisque, en chacun de nous il y a le besoin fondamental d'être aimé et d'aimer. Tout désir débouchant sur l'amour est donc acceptable. S'il est opposé à l'amour, il est normalement inacceptable pour la conscience morale......mais on verra, avec le chapitre 7, le cheminement des désirs et leur affrontement avec la conscience morale, ainsi que les perturbations possibles de celle-ci.

REFERENCES BIBLIQUES

1 Th 5, 23 : structure de la personne humaine -Ap 3, 20 Jésus frappe à ma porte.
Rm 8, 15-16 : L'Esprit nous incite à appeler Dieu « Abba »
Gn 1, 27 : Dieu crée l'homme à son image...

Gn 2, 7 et Gn 3, 23 : Dieu forma l'homme à partir du sol.

Ex 3, 14 : Dieu se nomme à Moïse comme étant « je suis » !

CHAPITRE 2

LA CREATION - CREES POUR LE BONHEUR

Après avoir vu qui nous sommes, dans le premier chapitre, nous allons voir quelle est notre place dans l'univers. Et, d'abord, chercher l'explication de l'univers, son origine et sa « fin », c'est-à-dire ce pourquoi il existe.

CE QU'IL FAUT FAIRE PASSER :

L'univers est création de Dieu

Cette création est continue

Elle a un but : le BONHEUR par l'AMOUR

La science cherche « comment » expliquer l'univers

La Bible nous enseigne le « pour quoi » de la création

PRESENTATION DU SUJET :

EXPLICATION DE L'UNIVERS

Parmi les hommes il y a deux catégories :
- **ceux qui nient avoir été créés par une Volonté Toute Puissante appelée DIEU**, mais ne peuvent expliquer comment ils existent. Ils se disent « athées » c'est-à-dire « sans Dieu » ou « agnostiques » s'ils déclarent ne pas connaître...tout simplement, comment et pour quoi ils existent !

- ceux qui, partant de la certitude qu'ils ont d'exister, de la certitude qu'ils sont à la fois matière et esprit, du principe que « rien ne se crée...tout seul.... », disent : « je suis, donc Dieu est... ». Ils reconnaissent devoir leur existence à Dieu. Ensuite, il y a des divergences sur la façon de concevoir Dieu et de vivre sa relation à Lui. Le chrétien croit en un Dieu d'amour, il croit en la création de l'univers par Dieu **et celle de l'homme en vue du Bonheur** !

L A « CREATION »

C'est à la science que l'on demande « **comment** » l'univers a été formé, pas à la Bible. C'est à Dieu, à travers la Bible, que l'on demande « **pourquoi** » Il a créé l'univers, pas à la science qui, elle, n'a pas compétence pour cela !

(A) LE COMMENT

Il nous faut faire le ménage au milieu des slogans qui ne veulent rien dire ou qui n'expliquent rien, du genre : « l'homme descend du singe... » et relativiser les « découvertes sensationnelles » concernant l'histoire de l'humanité. Il est étonnant qu'on nous parle de dates d'apparition des premiers hommes sans nous avoir analysé ce qui différencie l'homme des animaux supérieurs (à savoir, l'existence, en lui, de « l'esprit »).

Il faut savoir que plus nos connaissances humaines augmentent et plus nombreuses sont les questions à résoudre, comme le montrera le schéma suivant :

On peut placer ici un schéma des différents cercles représentant nos connaissances à différentes époques, donc de superficie de plus en plus grande.

La surface du cercle représente nos connaissances à un moment déterminé et la circonférence l'ensemble des questions à résoudre. On constate que plus le cercle s'agrandit, plus son rayon augmente, (avec l'accroissement des connaissances) et plus nombreuses sont les questions posées à l'homme (puisque la circonférence = 2x 3,1416 fois le rayon) !

Même ce qui est scientifiquement établi à l'heure actuelle peut être remis en question par de nouvelles découvertes, telle que celle des « trous noirs » dans le ciel, au sein desquels il semble que les lois « physiques » qui régissent notre monde ici-bas ne s'appliquent pas !

Tout cela doit nous rendre très prudents vis-à-vis de toutes les théories proposées successivement sur la « création ». Sinon, on risque de se voir contredit par les faits, comme certains responsables dans l'Eglise l'ont été après « l'affaire Galilée », pour avoir manqué de cette prudence à laquelle nous a invités, depuis, le Concile Vatican 2 (cf Dei Verbum).

Actuellement, la plupart des scientifiques admettent un « big bang » à l'époque initiale de l'existence de notre univers, à partir duquel s'est produit une « évolution » au cours de laquelle on est frappé par la survenue de phénomènes absolument imprévisibles au départ, tels que l'apparition de la vie.

. C'est ainsi que, avant l'apparition de la vie sur terre, il y aurait environ trois milliards d'années, il eut été impossible de prévoir la vie avec toute sa complexité.

On ne pouvait prévoir les lois qui régiraient la biologie **car les lois naturelles ne sont pas antérieures aux réalités de l'univers, mais découlent de ces réalités elles-mêmes. Il y a, dans l'univers et au cours du temps, une complexité croissante.**

Force est de constater que **l'avenir ne découle pas automatiquement du passé !**

Cela évoque une « création continue » opérée par Dieu, ou, pour d'autres, une intervention de la part d'un « pouvoir d'intervention intelligent » (intelligent design), agissant dans un but déterminé : pour quoi?

LE POURQUOI

C'est la grande question débattue dans l'humanité depuis qu'elle existe. La réponse varie selon les religions qui, chacune, répond en fonction de sa conception de Dieu.

Pour le chrétien, c'est la Bible qui l'explique, à sa façon poétique, au début du livre de la Genèse. A chaque étape de la création, Dieu « vit que cela était bon », mais, avec l'homme, c'était « très bon » ! L'homme est donc le couronnement de la création, effectuée en vue de son BONHEUR. En effet, créé à l'image de Dieu qui est BONHEUR en Lui-même, l'homme ne peut qu'être destiné au bonheur. C'est cela le Plan de Dieu sur sa création, sur l'homme. Et c'est un Plan axé sur l'amour.

Tout ce qui correspond au Plan de Dieu entraîne du bonheur. Tout ce qui le contrarie entraîne, tôt ou tard, du malheur.

Notre vie sur terre est destinée à l'apprentissage de l'amour, à une croissance en amour, donc selon le Plan de Dieu.

Mais l'homme a voulu obtenir son bonheur par lui-même, en lui-même, en dehors de Dieu et de l'amour : c'est l'origine de sa chute !

Références bibliques cf pages suivantes

ABORD PEDAGOGIQUE

LA CREATION - CREES POUR LE BONHEUR

Faire un rappel de la première séance, axé sur la différence entre ce qui, dans la personne humaine, relève de la matière
(à savoir : le corps et l'âme corporelle) et ce qui relève de la réalité spirituelle : « l'âme spirituelle » et l'esprit. Ensuite :

1) Faire le point, avec les jeunes, sur ce qu'ils savent de la création de l'univers.

2) Voir ensuite **ce que les hommes en pensent à travers le monde :**
L'univers, dans lequel nous existons et évoluons, pose le problème de son existence : il est !

La science nous dit que rien de ce qui est « matériel » ne se crée tout seul ni ne se perd tout seul, mais se transforme. Scientifiquement parlant, la science est incapable de nous expliquer la « naissance » de l'univers. Tout au plus est-elle capable d'expliquer les transformations survenues à partir de ce qui existait déjà (sans certitude, d'ailleurs, mais avec des convictions suffisantes pour mener notre vie concrète !). De plus, la science bute sur la notion même d'infini.

A l'origine de ce qui existe, il faut donc une force créatrice non matérielle (donc spirituelle).

Nous, chrétiens, l'appelons Dieu et savons qu'il s'est révélé à nous. Beaucoup d'hommes croient en Dieu mais pas en la même révélation que nous (les musulmans par exemple) ou ne croient en aucune révélation et imaginent Dieu à leur façon !

D'autres en nient l'existence mais sont incapables d'expliquer comment ils peuvent exister : ce sont les athées.

Certains préfèrent dire qu'ils ne savent pas : ce sont les agnostiques.

3) Comment Dieu a-t-il créé l'univers?

La science essaie d'expliquer le « COMMENT ». Nos connaissances du « comment » progressent, mais cette progression entraîne toujours plus de questions irrésolues !

Faire ici **le schéma** des cercles (cf plus bas). Jamais, donc, l'homme sera capable de tout expliquer, coincé qu'il est entre deux infinis : celui de l'infiniment grand et celui de l'infiniment petit.

De plus, la science ne connaît que ce qui est « matériel » (et apparenté) et non l'esprit dont on a vu la réalité indubitable à la première leçon.

A travers même ce que nous dit la science, nous avons des « convictions » sur certains aspects de la création, mais pas de certitudes. Par exemple, sur l'évolution et la transformation des espèces animales. **Par moments, il se produit des événements imprévisibles** donnant une orientation nouvelle à ce qui existait. Ainsi pour l'apparition de la vie. D'où l'idée d'une « force intelligente » intervenant dans l'univers, que défendent certains, même parmi les « agnostiques ».

La Bible ne peut suppléer aux insuffisances de la science pour expliquer comment l'univers a été créé. **Ce n'est pas son rôle !**

4) Pour quoi Dieu a-t-il créé ?

La science ne peut répondre ! Par contre, la Parole de Dieu, la Bible, a vocation pour nous révéler la réponse, alors qu'elle n'a pas vocation à nous expliquer le « comment ».

La Bible nous dit que Dieu a créé par étapes successives, selon un Plan bien préparé dont le but est de faire participer l'homme, sommet de la création de l'univers, au bonheur même de la Trinité divine en laquelle l'Amour réalise un Bonheur en plénitude.

Pour faire comprendre **cette création par étapes et son perfectionnement continu, on fait faire le puzzle** à partir des différentes pièces. Celles-ci figurent les éléments issus du big bang provoqué par Dieu et à partir desquels il a réalisé la vie, les espèces et finalement l'homme. Au passage, on peut expliquer que l'homme, dans la partie matérielle de son être, se trouve donc un peu « cousin » d'autres espèces, animales !

Quand les jeunes auront terminé le puzzle, après y avoir apporté, comme Dieu à la création, des améliorations successives, on leur demande de tenir en l'air, devant les autres, le plateau du puzzle, car Dieu, Lui, maintient sans cesse sa création. Pour souligner cela, on leur demande de ne plus tenir le plateau…et tout le monde constate alors que le puzzle se casse en morceaux. Conclusion : Dieu est toujours au travail, comme nous le dit Jésus.

5) CONSEQUENCES de la révélation biblique, par Dieu, de son Plan à travers la création :

- **Dieu nous fait une offre de Bonheur** par l'acceptation de l'amour comme sens à notre vie, ce qui nous permettra de vivre dans sa propre Vie de Bonheur en plénitude, dans le Royaume et déjà en partie ici bas. C'est la proposition faite à Adam et Eve, rejetée par eux, d'où perturbation de la création, blessure de l'humanité.

- Pour accueillir le salut apporté par le Christ, nous devons, contrairement à Adam et Eve, **respecter le Plan de Dieu sur nous, sur les autres, sur sa création toute entière (c'est cela la véritable écologie !)**. C'est par le respect de ce Plan de Dieu que nous arriverons au BONHEUR.

PARTICIPATION MATERIELLE DES JEUNES

1) On peut leur faire dessiner le « cercle de nos connaissances » à un moment donné de l'histoire de l'humanité, très antérieur à notre époque. La superficie du cercle montre l'ensemble des connaissances humaines à cette époque et, à l'extérieur du cercle, c'est….l'inconnu !

On fera remarquer que cet « inconnu » n'a pas de limite et se confond avec l'infini ! A la limite entre connu et inconnu se situent toutes les questions que l'homme se pose. Plus la surface du cercle augmente (avec l'accroissement des connaissances de l'humanité) et plus le rayon et la longueur de la circonférence augmentent. Autrement dit : plus on connaît et plus on se pose et se posera de questions !Cela apparaîtra clairement en dessinant un second cercle se situant à une époque plus récente et enfin le cercle correspondant à l'époque actuelle !

2) Faire le puzzle représentant une flèche, d'abord très simple, puis ajouter les ailettes qui sont un perfectionnement évoquant ceux apportés par Dieu dans sa création. Maintenir la flèche à bout de bras (comme Dieu le fait pour sa création) et faire constater que, si on laisse la flèche tomber, elle se brise. Ce serait le cas de la création si Dieu ne la maintenait pas ! Mais Dieu est toujours « au travail » nous dit Jésus !

Références bibliques : Genèse : 1, 1-31 montre la création par étapes
Dieu, à chaque étape, déclare que cela est bon. Mais lors de la création de l'homme, il déclare que c'est très bon, car le but est atteint !
Gn 1, 27 : Dieu crée la sexualité humaine et institue l'homme « co-créateur ».
Gn 2 : Dieu a mis tout en place, mais va désormais orienter son action vers l'accomplissement total de ce qu'il a prévu pour l'homme : le Bonheur par l'Amour !
Gn 3 : Le refus, par l'homme, de cette proposition de Bonheur et son choix de réaliser son bonheur par lui-même, en étant « comme des dieux ». Cependant, c'est le projet de Dieu qui va se réaliser, mais en son temps, grâce au salut obtenu par Celui qui est vrai Dieu et vrai homme, le Christ....et non par l'homme lui-même et son orgueil qui l'a précipité dans « la chute » !
Pour illustrer cela, faire avec les jeunes le schéma « de l'image à la ressemblance ».
Psaumes : 104 (103) « Psaume de la création »
      139 (138) La présence constante de Dieu !

CHAPITRE 3

BOIRE A LA SOURCE EN VUE DU BONHEUR PAR L'AMOUR

PRESENTATION DU SUJET

Nous aspirons tous au BONHEUR
Nous avons **besoin d'être aimé et d'aimer**
Notre BONHEUR véritable réside dans l'AMOUR.
Pour être remplis d'amour, il faut être branché sur la source de cet AMOUR qui est DIEU Lui-même.

C'est ici qu'il nous faut expliquer le « schéma du vase ».

Le vase d'argile que nous sommes, selon ce que dit Paul, doit se remplir d'amour, en vue de notre bonheur, par son branchement sur la source qui est Dieu.
Nous sommes, en effet, créés avec un besoin infini d'être aimés et d'aimer car images de Dieu.
Nous sommes faits pour être emplis de Bonheur, donc d'Amour et, pour cela il nous faut être branchés sur la source par le tuyau qui figure sur le schéma et déversera dans notre vase l'amour indispensable.
Sur ce tuyau, une vanne figure notre liberté qui peut l'ouvrir (si c'est de Dieu-Source que nous attendons d'être remplis de cet amour) ou le fermer (si c'est de nous-mêmes que nous attendons notre bonheur et non de Dieu-source, reproduisant ainsi l'erreur mortelle d'Adam et Eve).
Si nous ouvrons la vanne, notre vase se remplira d'amour progressivement et débordera…d'amour véritable sur les autres et sur Dieu.

Si, au contraire, la vanne est fermée, nous essaierons de saisir par tous les moyens, bons ou mauvais, ce que nous croyons capable de nous remplir, c'est-à-dire de satisfaire nos désirs.

C'est ainsi que l'on se précipitera sur ces « produits de remplacement de l'amour » que sont : la « bouffe », le luxe, le « paraître », l'argent, le pouvoir, la drogue, le « sexe- n'importe quoi »….en vain !

C'est comme si notre vase se remplissait d'eau pourrie et c'est cela qui va déborder de nous sur les autres.

On peut aussi fermer notre cœur à l'amour et au Bonheur et laisser notre vase désespérément vide en disant que l'amour ne nous intéresse pas….mais e n'est pas vrai et tout le monde le sait bien autour de nous !

Enfin, on peut essayer « d'acheter l'amour » d'autrui en payant par tout ce que l'autre voudra, c'est-à-dire en acceptant qu'il nous prenne même notre dignité….pourvu que cet autre accepte de mettre un peu d'amour (soi disant), dans notre vase. Mais c'est là aussi une erreur car l'amour ne peut s'acheter ni se vendre !

LE SEULE MOYEN DE « REMPLIR NOTRE VASE » est d'être branché sur la source de l'AMOUR qui est DIEU !

Pourquoi Dieu est-t-il source de l'amour ?

Dieu est la source de l'amour ! Cette affirmation est faite par Jésus quand il répond à la question : « quel est le plus grand commandement ? ». Il déclare que l'homme doit considérer Dieu comme la source de l'amour et donc l'aimer par-dessus tout. A partir de là, **c'est-à-dire en aval de la source**, l'homme peut et doit aimer son prochain ! (Mc 12, 28-31). Sans l'amour de Dieu dans lequel nous puisons la capacité et la force d'aimer vraiment, il n'y a que des parodies d'amour à l'égard du prochain !

- **Dieu est source de l'amour en raison de l'amour existant entre les trois Personnes de la Trinité divine, Dieu des chrétiens.** Un tel amour ne pourrait exister en un Dieu « monolithique » (comme celui de l'Islam). Le Christ nous révèle que le Dieu Créateur n'est pas un être solitaire, mais qu'il est Amour entre trois Personnes. Lui-même se révèle comme le Fils bien-aimé du Père : en lui le Père a mis tout son amour (Baptême et Transfiguration) ; il est tout entier ACCUEIL de cet Amour (« j'aime le Père et je fais comme le Père m'a commandé » (Jn 14, 31) et en retour il est tout entier DONNE à son Père. « Tout ce qui est à moi est à Toi » (Jn 17, 10)

Cet ACCUEIL et ce DON entre le Père et le Fils, c'est l'œuvre du Saint Esprit, qui, selon l'expression de Jean Paul II est la « Personne-Amour ».

Cet amour qui est <u>accueil</u> et <u>don</u> est source du BONHEUR éternel de Dieu.

3) **De cette seule source d'amour découlent les différentes expression d'amour:** agapè, philos, éros, mais aussi : paternel, maternel, filial, fraternel….

ABORD PEDAGOGIQUE

Le but de cette séance est de voir comment chacun de nous, dans sa vie concrète, va pouvoir réaliser le Plan de Dieu sur la création que l'on a vu lors de la seconde séance : nous faire grandir en amour, nous remplir d'amour, en vue du BONHEUR !

1) Nous sommes toujours dans la perspective du Bonheur pour lequel Dieu nous a créés, qui est le but du Plan de Dieu. Inviter les jeunes à :
   - repérer l'événement le plus heureux de leur vie
   - repérer le plus malheureux

Il sera facile ensuite de voir comment **ces deux sortes d'événement sont liés, en fin de compte, les uns à la présence de l'amour, les autres à son manque.**
On voit aussi comment certains événements sont en concordance avec le Plan de Dieu et d'autres en discordance. Dans le premier cas, tôt ou tard ils entraîneront du bonheur et, dans le deuxième cas, du malheur.

Vient alors le schéma de notre vase à remplir pour être heureux.

La vanne sur le tuyau qui amène l'amour provenant de la source représente notre liberté :
Celle d'accepter l'offre de Bonheur de Dieu, par l'amour : on ouvre alors la vanne.
Ou celle de refuser et de chercher notre Bonheur en dehors de Dieu : on ferme alors la vanne.
Bien montrer que, si nous fermons la vanne, il faut alors chercher comment remplir autrement ce vase que nous ne pouvons supporter de voir vide (car nous avons en nous le besoin fondamental d'être aimé et d'aimer).
Par les trois petits tuyaux, branchés sur le gros, nous apportons à notre vase nos amours humaines, certes appréciables, mais qui ne suffiront pas à satisfaire notre besoin infini d'amour.
Nous apportons aussi tout ce que nous imaginons pouvoir remplacer notre besoin d'amour, à savoir :

- **Nos convoitises** : argent, pouvoir, sexe incontrôlé, gourmandises...
- **notre lâcheté, en fermant notre cœur à l'amour** pour ne plus souffrir : c'est se cacher la tête sous l'aile !
- **notre démission de toute dignité** en acceptant n'importe quoi de l'autre, pourvu qu'il nous dise « je t'aime, tu es aimable » !

2) Bien montrer l'importance de la révélation que Dieu est Trinité, car c'est cela qui engendre cette communion d'amour entre les trois personnes, alors qu'un Dieu « monolithique » (comme le voit l'Islam) ne peut être source d'amour !

3) Bien définir **ce qu'est l'amour véritable** ;

Il faut donc, d'abord, montrer aux jeunes la confusion, en français, du mot « amour » lui-même : quand on dit : « j'aime ma mère », cela veut exprimer vraiment de l'amour. Mais quand on dit : « j'aime les gâteaux », cela veut dire que je désire en manger ! En anglais et dans d'autres langues, il y a deux mots différents : « To love et to like! » « gostar et amar ».

L'amour véritable, lui, vient de la source d'amour qu'est la Trinité divine et comporte donc un double mouvement :
- DON, à l'autre, de tout ce que je puis lui apporter en vue de son véritable bonheur.
- ACCUEIL par moi, de tout ce dont j'ai besoin pour mon véritable bonheur et que j'accepte de l'autre, dans une libre dépendance d'amour à son égard.

4) LES DIFFERENTES SORTES D'AMOUR

Montrer que l'amour s'exprime sous différentes formes. Il y a :
- l'amour corporel : « éros »
- l'amour affectif : « philos »
- l'amour « spirituel : « agapè », (Rm 5, 5)

Reprendre alors les trois cercles concentriques figurant la personne humaine (Première séance) et montrer que ces différentes formes d'amour s'expriment chacune au niveau de l'un des cercles.

On peut aussi reprendre les tableaux réalisés avec le chapitre 1 et poser la question : « pour satisfaire notre besoin d'amour, de quelle partie de nous-mêmes avons-nous besoin ? ». Se reporter au mode d'emploi du chapitre 1 et placer sur les tableaux : éros, philos, agapè.

Pour bien différencier philos et agapè, on reprendra la scène au bord du lac (Jn 21, 15-17) en expliquant que dans le texte grec apparaissent les nuances entre amour agapé (celui que Jésus demande à Pierre) et amour philos (dont Pierre se sent seulement capable pour le moment).

Dans le texte en français, cette nuance, comme on vient de le voir plus haut, n'apparaît malheureusement pas. Jésus connaissait bien cette faiblesse avouée par Pierre et concernant sa difficulté à aimer pleinement. Malgré cela, il lui confie son Eglise.

Or, Jésus agit de même avec nous : il connaît notre difficulté à aimer pleinement, il connaît notre « faiblesse ». Malgré cela, **il nous fait confiance** et nous donne toute possibilité d'aimer…pour notre vrai BONHEUR.

A nous de lui faire confiance aussi !

REFERENCES BIBLIQUES
Mc12, 28-31 DIEU/AMOUR, source du Bonheur,
Jn 14,31 Jn 17, 10 : relation Père/ Christ
Jn 21, 15-17 Jésus et Pierre au bord du lac
Rm 5, 5 : Projet de Dieu sur l'homme

Le bonheur par l'amour
Remplir notre "vase" d'amour

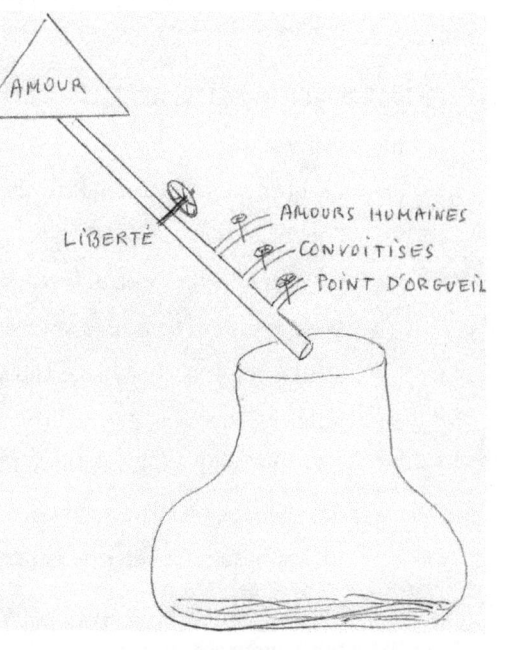

Schéma du **vase d'argile** que nous sommes et dont la destinée, dans le Plan de Dieu, est de **se remplir d'amour au point de déborder**….

Seul le branchement sur la source de tout amour, qui n'est autre que Dieu, est capable de nous remplir d'amour véritable. On a donc placé une canalisation allant de Dieu à notre vase. Avant celui-ci, on a placé une vanne que, dans **notre liberté**, nous pouvons ouvrir, si nous voulons nous brancher sur Dieu…ou fermer si nous voulons être notre propre source d'amour et de bonheur, en dehors de Dieu.

Entre la vanne et le vase, plusieurs petits tuyaux permettent l'arrivée
- d'amour venant du prochain, ayant sa valeur mais aussi ses limites et même parfois, hélas, chargé de….refus d'amour, c'est-à-dire de « péché », ne pouvant donc pas remplir et déborder notre vase comme le voudrait notre désir infini d'être aimé !
- de « produits de remplacement » de l'amour que sont les « convoitises ».
- de fausses solutions au « manque d'être aimé » que sont les attitudes de fermeture du cœur ou de la dépendance aliénante.

Sur ces petits tuyaux figurent aussi des vannes…

CHAPITRE 4

LA LIBERTE, LE MAL

PRESENTATION DU SUJET

1°) Idées forces :
- La liberté est la capacité de choisir librement et non de faire ce que l'on veut.
- On appelle emprise ce qui empêche d'être vraiment libre.
- C'est Jésus qui nous rend vraiment libres (Jn 8, 36).
- Dieu a donné à l'homme le choix libre entre l'adhésion à l'amour et le refus de l'amour.
- La liberté entraîne la responsabilité.
- Sans liberté, on ne peut aimer.
- Le Mal résulte du refus de l'amour.

2°) Développement du sujet :
- Qu'est-ce que la LIBERTE ? C'est la **capacité de choisir librement** entre deux options, mais pas toujours la capacité de faire ce que l'on a choisi. Par exemple, un homme enchaîné dans un cachot a la capacité de choisir entre la haine ou le pardon vis-à-vis de ses bourreaux, mais pas la capacité d'aller et venir ! **Cette capacité de choix profond est liberté.**

Le problème de la liberté est posé dés le chapitre 2 de la Genèse aux versets 15-17 ou Dieu laisse le choix à Adam et Eve de lui faire confiance ou pas, pour leur montrer comment obtenir leur bonheur, à travers le symbole du fruit de l'arbre de la connaissance du bien et du mal.

Par contre, faire tout ce qu'on décide soi-même de faire et n'importe quoi, n'est pas la liberté mais la « **licence** » ou « **fausse liberté** » !

A la suite de ces précisions, les jeunes devraient pouvoir s'exprimer sur ce qui, dans leur vie est **liberté véritable ou fausse liberté, ce qui est emprise et voir comment ils peuvent conquérir la vraie liberté.** C'est Jésus qui nous délivre et qui nous rend libres (Jn 8, 36).

La liberté engendre la responsabilité : on voit, dans la suite du récit de la Genèse, comment le mauvais choix d'Adam et Eve va entraîner les malheurs dont ils sont seuls responsables (Gn 3, 16-19). Ils vont s'accuser l'un l'autre avec agressivité, chercher de fausses excuses : la relation entre eux, au lieu d'entraîner l'amour provoque la guerre ! Il en est de même pour nous qui, **automatiquement, subissons les conséquences de nos mauvais choix !**

Pourquoi Dieu nous a-t-il donné la liberté au lieu de faire de nous des robots téléguidés ?
Parce que Dieu nous a créés pour le BONHEUR. Or, Dieu sait que l'amour seul est capable d'apporter le bonheur. Le Bonheur qui est en Lui (Père, Fils, Esprit) et qui provient de l'amour qui relie les trois personnes divines, il veut le partager avec nous. Il sait aussi que l'amour exige la liberté : on ne peut obliger quiconque à aimer. Il nous crée donc libres et responsables. Il nous confie des responsabilités à hauteur des capacités qu'il nous donne (cf la parabole des talents dans laquelle le Maître confie à chacun, selon ses capacités, la responsabilité d'une somme différente à faire valoir) (Mt 25, 14-30).Dieu nous montre le bon choix qui nous mènera au bonheur, celui de l'amour. Il nous montre aussi que le mauvais choix, celui du refus de l'amour, nous mènera au Mal et au malheur qui en découle !

Qu'est-ce que le Mal ?

C'est ce qui est opposé à l'amour, qui vient du refus de l'amour. **En refusant l'amour, l'homme crée le Mal ! Dieu n'est pas le créateur du Mal !**
Il ne faut pas confondre ce Mal fondamental avec la souffrance qui, elle, vient directement ou indirectement de la non-satisfaction du désir fondamental d'être aimé et d'aimer.

Il ne faut pas confondre non plus la douleur, qui peut intervenir dans la survenue de la souffrance, avec cette souffrance elle-même.

Mal et souffrance

Le Mal est différent, donc, de la souffrance, mais il entraînera tôt ou tard de la souffrance chez celui qui adhère au Mal. En effet, par le choix du Mal, celui-là va à l'encontre du désir fondamental d'être aimé et d'aimer qu'il a en lui. Il éprouve donc un manque fondamental, source de souffrance. Ceci alors même qu'il peut, en même temps, avoir la satisfaction de son désir de faire du mal, ce qui lui donne, par définition, un plaisir, mais pas le véritable bonheur qui est de « correspondre à l'amour, correspondre au Plan de Dieu qui est Amour » !

A l'opposé, quelqu'un peut traverser une souffrance tout en étant dans le bonheur de correspondre à son désir fondamental d'être aimé et d'aimer. En effet, s'il interprète ce qui lui arrive comme une épreuve venant de Dieu et qu'il continue à faire confiance à Dieu, à rester dans l'amour de Dieu, alors, il est dans la satisfaction de son désir fondamental d'être aimé et d'aimer et donc dans le bonheur ! L'épreuve, en effet, est destinée à nous faire progresser en amour et donc à nous acheminer vers le bonheur !

On peut opposer schématiquement deux sortes de souffrance. La souffrance définitive de Satan, subissant l'échec dans sa révolte contre l'amour et qui débouche sur un malheur irrémédiable. La souffrance passagère de Jésus lors de sa passion acceptée librement par amour, elle, coexiste avec un bonheur inaltérable.

ABORD PEDAGOGIQUE

1) **Distinction entre la vraie et la fausse liberté (ou licence) :**

Partir du vécu des jeunes et d'abord de ce qu'ils entendent par « vraie liberté » et « fausse liberté ». On peut leur demander s'ils s'estiment libres et en quoi ? S'estiment-t-ils non libres (sous emprise) et en quoi ?
Il est probable que leur notion de la liberté exprimée lors de ce partage ne sera pas vraiment claire.
C'est alors que l'on peut leur donner l'histoire de Kevin puis celle de Marlène.

Kevin est un garçon qui en veut à un de ses profs qu'il estime avoir été injuste envers lui. Il lui en veut et imagine déjà comment se venger. Même la nuit, il a du mal à dormir car il imagine des vengeances de plus en plus terribles. Il ne peut même plus réciter le « notre Père car il bute sur « pardonne-nous nos offenses.... » et ressent un trop fort sentiment d'injustice. Il ne se sent pas bien, d'autant plus que quelques jours après, alors qu'il avait souhaité la « punition » de son prof et demandé dans sa prière que « justice soit faite », il apprend que son prof vient d'avoir un grave accident!
Cette histoire pose plusieurs questions :
- La colère de Kevin : qu'est-ce qui l'a provoquée ? la colère c'est un cri de scandale contre quelque chose qui nous parait injuste. Cela pose donc ici une question : le prof a-t-il été vraiment injuste ?
- S'il y a eu vraiment injustice, donc blessure de Kevin, celui-ci a-t-il la liberté de choisir entre la justice des hommes et la justice de Dieu ? c'est-à-dire entre rancune agressive et pardon ?
- Son choix va-t-il changer sa vie et de quelle façon, s'il choisit dans un sens ou dans l'autre? On aidera les jeunes à aller jusqu'au bout de l'examen des conséquences de ce choix pour ou contre l'amour. En

particulier, insister sur le véritable esclavage qu'entraîne la rancune : on n'est plus libre, mais sous l'emprise de la haine !

Histoire de Marlène

Elle est en cinquième et réussit bien en classe. Mais elle fréquente des « camarades » qui font n'importe quoi, qui s'en vantent, se disent « libres » et insistent pour l'entraîner. Comment Marlène peut-elle prouver qu'elle est vraiment libre ? Cet exemple permet de différencier vraie et fausse liberté. Avec les jeunes on peut examiner les conséquences du choix de Marlène dans un sens ou dans l'autre. On peut voir qu'il y a parfois des « satisfactions » immédiates mais qui se changent ensuite en difficultés ou même en malheurs ! Bien voir, à cette occasion, comme on l'a vu à la première séance, que tout ce qui concerne une des trois structures de notre personne (corps, âme corporelle et âme spirituelle, esprit) retentit automatiquement sur les autres structures. Voir aussi le retentissement de notre choix sur ceux qui nous entourent et en subiront les conséquences (bonnes ou mauvaises). Bien situer aussi, dans tout cela le véritable amour…et le faux.

2) **Le Mal et la souffrance** : Nous sommes affrontés au Mal. Sous quelle forme se présente celui-ci dans notre vie courante ? Demander aux jeunes de donner des exemples qui vont permettre de préciser ce qu'est le Mal, d'où il vient, ce qu'il entraîne (dans l'immédiat et plus tard, pour nous et pour les autres).

Bien montrer que le critère pour distinguer entre « ce qu'on a droit de faire » et ce qu'on nous « interdit » de faire est normalement la conformité ou non à l'amour… car, en définitive, c'est toujours la satisfaction du « désir fondamental d'amour » qui peut seule nous donner le bonheur.

a) Les jeunes peuvent décrire, dans le concret de leur vie, des faits, des événements, qui proviennent du Mal, du refus d'amour et provoquent de la souffrance.

A propos de ce qu'ils donneront comme exemple, on aura sans doute déjà l'occasion de dire que la sexualité a été « inventée » par Dieu **en vue de l'amour**, du bonheur, mais qu'elle est « ambiguë » et peut être détournée!
Ils peuvent aussi décrire le genre de souffrances qu'entraîne un détournement du but voulu par Dieu.
Plutôt que de leur demander de livrer une expérience personnelle au cours de laquelle ils ont provoqué du mal par refus d'amour et l'ont « payé » par du malheur, on peut leur demander de monter un petit « scénario » anonyme relatant un tel cas !

b) On peut leur demander si, dans leur expérience, ils ont vécu quelque chose entraînant une souffrance difficile à traverser mais finalement source de bonheur en raison de l'amour choisi en cette occasion.

De tout ce partage, les jeunes peuvent retirer **l'importance de l'amour véritable**, de la vraie liberté et la conception de la souffrance comme étant une « épreuve » et non une « punition de Dieu » !

3°) Références bibliques :

- Gn 2, 16-17 et Gn 3, 1-13: Dieu laisse l'homme libre de son choix
- Dt 11, 26-28 : Moïse laisse les hébreux libres de leur choix
- Mt 13, 24-30 : parabole de l'ivraie- Mt 25, 14-30 : parabole des talents
- Jn 8, 36 : c'est Jésus qui nous rend libres
- Rm 7, 18-19 : Il y a deux hommes en moi ! Notre propension au Mal.
- 1 Jn 4, 7-8 : choisir l'amour

COMMENT GERER NOS BLESSURES
- DE LA BLESSURE A LA HAINE : LE CERCLE DE LA HAINE

Sous l'action de la blessure, l'état de quiétude de notre « lac intérieur tranquille » va se modifier, une agitation apparaître, une tempête survenir. L'irritation est permanente, d'abord intérieure, puis extériorisée, retentissant sur l'entourage. **C'est quand nous prenons conscience du choix à faire entre « justice des hommes » et « justice de Dieu » que se place, avec l'attrait de la première, la tentation du mauvais choix, celui du péché puisqu'il s'agit d'un refus** d'amour !

Si nous choisissons la "justice de Dieu", nous sortons victorieux de ce combat, nous choisissons le pardon, la réconciliation et il restera à les mettre en place.

Si nous succombons à la tentation, alors nous choisissons la "justice des hommes". Nous perdons notre liberté pour devenir esclave de notre haine et, de victime que nous étions, devenir agresseur. NOTRE COMPORTEMENT change : à la fois excitation, parfois provocation, mais aussi peur, repli sur soi, méfiance généralisée. Nous sommes habités en permanence par le souvenir omniprésent de :

- l'offense subie : elle renforce notre sentiment d'infériorité puisque nous avons été humiliés. Elle nous enferme dans un rôle de « victime ». Elle nous fait réclamer sans cesse des « dommages et intérêts ». Elle nous installe dans la haine et la violence
- l'offenseur : le désir de vengeance devient obsédant avec recherche des moyens d'y parvenir.

Tout cela nous fait agresser l'auteur de nos blessures et amène à le blesser.

Notre offenseur initial, blessé, entre alors, lui aussi dans un état qui l'amène au choix entre les deux « justices » et possiblement au choix du cercle de la haine par la justice des hommes.

Dés lors, la boucle est bouclée : au cercle de la haine se superpose une vie de malheur pour tous, dans l'escalade de la violence.

CHAPITRE 5

NECESSITE DE GRANDIR EN AMOUR AU COURS DE NOTRE VIE
POUR LES INSTRUCTEURS CE QU'IL FAUT FAIRE PASSER :

1) **Idées forces :**
- Notre vie a un sens qui est l'obtention du bonheur, lequel n'est pas derrière nous mais devant nous, en plénitude, dans le Royaume.
- En vue du bonheur, nous avons le choix entre :
  La mentalité "consommation", qui aboutit à la mort.
  La mentalité "création" qui aboutit à la vie.
  Ce qui se consomme meurt, ce qui se crée vit !
- La dynamique de l'homme c'est de grandir et non de diminuer : celui qui ne grandit pas en amour régresse !
- Cette croissance en amour concerne chacun et toute l'humanité. Le Plan de Dieu sur chacun rejoint le Plan de Dieu sur toute l'humanité : c'est un Plan de bonheur dans l'amour !
- Notre vie est un apprentissage d'amour !

2) **Développement du sujet :**
Notre vie a un sens qui est l'obtention du bonheur ! Ce bonheur, dont on a vu qu'il ne pouvait s'obtenir que par l'amour, il n'est pas derrière nous mais devant nous, en plénitude dans le Royaume. Il nous faut passer de la mort à la vie (1 Jn 3, 14). Ceci étant constaté, il y a deux options :
- la mentalité consommation.
- la mentalité création.

Dans la première, je consomme l'amour que Dieu et les autres me portent sans chercher moi-même à aimer. Je « profite », comme ceux qui brûlent la forêt pour leurs besoins divers mais ne replantent pas.

Dans la seconde, je veux **devenir co-créateur d'amour** avec Dieu, avec les autres et je fais les efforts nécessaires pour croître en amour.

CROITRE EN AMOUR

Choisir de grandir en amour est dans la dynamique caractéristique de l'homme, dans la « mentalité co-créatrice ».Tôt ou tard, CELUI QUI REFUSE DE GRANDIR EN AMOUR REGRESSE. La croissance en amour nous concerne chacun et tous, quelque soit notre état de vie : les voies sont différentes mais le but est le même : le bonheur dans l'amour !

> 1) **Croissance personnelle** : Exemple de ce genre de croissance, les apôtres ! Quand ils ont commencé à suivre Jésus, ils étaient très vaniteux, imbus de leur supériorité, bagarreurs (Lc 9, 46 et Mc 9, 33-37) (Mt 18, 1-5 et Mt 20, 20-24)

C'est ainsi que Pierre, entre autres, se permet de reprendre Jésus quand ce dernier annonce sa passion et sa mort : sa vision du bonheur l'aveugle ! Il se vante de donner sa vie pour son Maître, alors qu'il va le renier quelques heures après. Il décide de son propre chef des moyens à employer (et tire son épée pour frapper le serviteur du Grand Prêtre) !

Mais quand on voit l'humilité de Pierre, ensuite, sur le bord du lac, après la résurrection (Jn 21) et la purification de son amour pour Jésus, on mesure les progrès réalisés.

A l'inverse, Juda, lui, a fermé son cœur de plus en plus à l'amour, allant jusqu'à tourmenter Jésus en l'accusant de ne pas aimer les pauvres ! Pas étonnant que cette attitude de refus de grandir en amour le mène vers une chute vertigineuse.

Jésus nous dit, dans l'Apocalypse, qu'il « vomit » les « tièdes », **ceux qui veulent éviter le risque de l'amour.**
Voila ce qui nous guette quand nous refusons de grandir en amour, car, dans ce domaine, **celui qui ne veut pas grandir régresse!**
Le Christ est le modèle de l'amour (Eph 5).

2) Croissance collective :
Elle est évoquée dés le début de l'humanité (Gn 1, 28) comme recommandation de Dieu !
Ici, il nous faut prendre conscience des progrès réalisés par l'humanité dans le sillage de ceux qui ont, par amour, consacré leur temps leurs moyens, leur énergie, à « faire évoluer les choses ». Exemples : les « jeux du cirque » de l'antiquité ont disparu, de même que l'esclavage, la torture comme moyen habituel d'investigation judiciaire etc…Les progrès sont notables : une solidarité se manifeste efficacement lors des grandes catastrophes etc…(les jeunes pourront trouver des exemples). Mais il faut réaliser que, à chaque fois que l'amour est refusé envers les autres, les relations humaines sombrent dans la haine, la destruction, le mal (terrorisme, violence sous toutes ses formes, atteinte aux droits et à la dignité des personnes, surtout des plus faibles). Il faut faire prendre conscience, par les jeunes, des atteintes flagrantes envers les personnes dues au manque d'amour !

On doit introduire ici la notion de « **péché de structure** », en partant de quelques exemples où s'illustre le refus d'accorder à l'autre sa dignité d'être humain :
- l'esclavage
- l'avortement libre et gratuit
- la shoah……

Le fait qu'à une catégorie d'individus soit refusé sa dignité et le droit d'exister est un refus d'amour, donc un péché !

L'AMITIE

Pour illustrer cette nécessité « vitale » de croître en amour, on peut en appeler à l'expérience des jeunes concernant **l'amitié** : ils conviendront qu'une véritable amitié, avec fidélité, exige des efforts de connaissance réciproque, de compréhension, des sacrifices pour se mettre à la portée des autres. On fera entrevoir déjà, là, la nécessité de ces deux caractéristiques de l'amour que sont :
- donner ce qui est nécessaire à l'autre pour son véritable bonheur
- accepter une certaine limitation de notre chère indépendance puisqu'on accepte de dépendre de l'autre pour notre propre bonheur !

Si l'on n'accepte pas cette progression, l'amitié régresse et se change en indifférence, douloureusement ressentie!

Cette AMITIE doit faire l'objet d'un partage approfondi avec les jeunes. Selon leurs réactions, il peut être nécessaire d'aborder, par le biais des « amitiés particulières » le problème de l'homophilie et de l'homosexualité

Cette séance insistera sur la nécessité d'une progression en amour, à partir de l'évolution même de la façon d'aimer. L'enfant passe d'un amour d'abord très « captatif » à un amour plus oblatif. Il s'ouvre ensuite à l'amitié pour le même sexe, puis à l'intérêt pour le sexe opposé et progressivement devient apte à vivre les deux « versants de l'amour » : don et accueil !

   3) **Références bibliques :**
- 1Jn 3 14 : Passer de la mort à la vie, d'une mentalité de mort (consommation) à une mentalité de vie (création).
- Nécessité d'une croissance personnelle (vue à travers le cheminement des apôtres) : Lc 9, 46 et Mc 9, 33-37 Mt 18, 1-5 et Mt 20, 20-24, à comparer avec l'humilité de Pierre dans sa confession à Jésus au bord du lac : Jn 21 (cf texte grec).
- Nécessité d'une croissance collective : Gn 1, 28.
- Le Christ, modèle de l'amour

ABORD PEDAGOGIQUE

Faire d'abord le lien avec les chapitres précédents :
- Chap. 3 dans lequel on a vu que, pour parvenir au vrai bonheur il fallait rester branché sur la source de l'amour : DIEU !
- Chap. 4 : Dieu a donné aux hommes tout ce qui peut contribuer à l'amour, mais en les laissant libres: - soit de s'en servir pour l'amour, dans une mentalité de « création » (comme co-créateurs)
- soit de s'en servir contre l'amour, dans une mentalité de « destructeurs » car ne pensant qu'à « consommer » sans « créer », gaspillant ainsi les moyens mis à la disposition de l'humanité.

Ensuite, on pourra facilement faire trouver, par les jeunes, en quoi ils se comportent comme « co créateurs », ou « destructeurs » car « consommateurs excessifs et sans contrôle » dans leur vie :
- familiale
- scolaire
- relationnelle avec les amis

Par exemple, ils découvriront facilement s'ils ont peut-être tendance, chez eux, à se faire servir…au lieu de faire leur part de service ou bien, au contraire à faire plus que leur part, soit de bon gré, soit en rouspétant sans cesse….

En ce qui concerne la consommation, il faut explorer avec eux tous les secteurs, tel que télé, jeux vidéos, friandises, vêtements (comme les stars ?), les loisirs coûteux et même certains « sports », dans lesquels ils sont peut-être consommateurs excessifs, même sans s'en apercevoir !

On fera la même démarche en ce qui concerne les deux autres secteurs de leur vie…..Ainsi, ils pourront réaliser comment, en classe, ils sont déjà co-créateurs puisqu'ils font des efforts pour préparer non seulement leur avenir personnel mais aussi celui de la communauté et même de l'humanité toute entière dont l'avenir dépend d'eux !

On essaiera de leur faire prendre conscience de l'influence, sur leur comportement, de l'ambiance qui règne dans ces trois structures et qui pousse à « consommer » excessivement en négligeant leur rôle de co créateurs.

A l'opposé, on fera prendre conscience de tout ce que Dieu a mis en nous de capacités pour réaliser cette co-création dont les jeunes sont les acteurs.

A propos de l'amitié, on fera préciser par les jeunes ce qui est, pour eux, vraie et fausse amitié, bonne et mauvaise camaraderie. On peut partir d'exemple concret comme celui de ces deux « camarades » filles dont l'une a fait tabasser l'autre par son frère pour une affaire d'amourette, au point qu'elle en est morte !

Faire réfléchir sur ce que veut dire, pour eux, le terme de « copain ».

Quelle relation l'on désire avec un copain, une copine, soit du même sexe, soit de l'autre sexe ? jusqu'où cela doit ou peut aller ?

En restant vague, à ce sujet, dans l'abord du copain ou de la copine, qu'est-ce qu'on veut camoufler? Est-ce finalement pour un amour véritable ou pour un saut dans l'inconnu avec tous ses risques ?

Dans tout ce problème de l'abord de l'autre, de l'amitié …et même de « l'amour », voir comment on peut être influencé par l'ambiance (péché de structure). Est-ce que l'on risque d'être influencé, voir « téléguidé » par les autres ou est-ce qu'il est possible d'affirmer sa personnalité et la faire respecter ? En fin de compte, demander aux jeunes de définir ce qu'est pour eux une véritable amitié et le bénéfice que l'on peut en tirer, qu'il s'agisse de quelqu'un du même sexe ou de l'autre sexe !

REFERENCES BIBLIQUES

Gn 1, 28 : Dieu confie à l'homme la gestion de la terre entière.

Gn 2, 15-17 :L'homme doit grandir (en sagesse, en connaissance de Dieu, en amour) avant de prétendre déterminer par lui-même le Bien et le Mal.

Mt21, 33-46: Dans la parabole des vignerons homicides, les hommes veulent accaparer la création pour leur seule jouissance, en éliminant Dieu

CHAPITRE 6

LA SEXUALITE : C'est quoi et pour quoi ?

POUR LES ANIMATEURS - CE QU'IL FAUT FAIRE PASSER :

La sexualité, c'est l'ensemble des caractères qui entraînent l'appartenance des individus à la catégorie :
- soit mâle soit femelle, pour les animaux sexués.
- soit masculine soit féminine pour les humains.

1) **Ce qui détermine l'orientation de la sexualité :**
La masculinité est déterminée par la présence des chromosomes X et Y.
La féminité est déterminée par l'existence conjointe de deux chromosomes X.
Cette détermination existe dés la conception de l'individu. La « théorie du Gender », qui nie l'importance de cette détermination, est une erreur monumentale sur le plan scientifique.
Comme dans toute règle, la détermination du sexe connaît des exceptions, heureusement très rares, lorsqu'il y a altération de la répartition chromosomique. Comme conséquence, on peut avoir alors des cas d'hermaphrodisme (juxtaposition des organes reproducteurs des deux sexes chez une même personne), de gynandromorphisme etc....
Une fois le sexe déterminé chez l'individu, il peut survenir des empêchements à l'apparition de ces différences de caractères qui entraîne l'aspect masculin ou féminin. Ainsi, par exemple dans le « testicule féminisant » : cela vient d'une déficience d'effet hormonal : il s'agit d'un homme, mais dont l'apparence est celle d'une femme car l'hormone masculine ne peut pas agir.

Mais le trouble dans l'apparition des caractères sexuels ou dans les organes peut venir d'une intervention humaine, comme par exemple par la castration qui produit des eunuques ou par l'excision pratiquée chez la femme….etc !

Tout cela concerne ce qui est inscrit dans le corps de la personne. Mais il peut aussi survenir des anomalies dans la « mentalité » de la personne ou dans son comportement quand ils ne correspondent plus exactement aux caractères de son sexe réel.

2) Les composantes de la personne humaine intéressées par la sexualité :
Les caractères liés au sexe font partie de deux des trois composantes de notre personne, à savoir notre corps et notre « âme corporelle ». Par contre, ils ne concernent pas notre esprit, qui n'est pas marqué directement par la sexualité.

Tout le monde reconnaît les différences corporelles entre une personne féminine et une personne masculine. Ce sont essentiellement les « glandes sexuelles » (testicules et ovaires) avec les produits qu'ils fabriquent : cellules sexuelles masculine ou féminines et les hormones masculines et féminines. C'est aussi tout ce qui va permettre, en tant qu'organes, le **rapprochement** dans la perspective générale de la fécondation (procréation)et tout ce qui va précéder ce rapprochement, l'accompagner et en résulter au niveau « sensations » (concernant alors l'âme corporelle).

Tout cela peut être groupé dans ce qu'on appelle la **« génitalité »**, partie de la sexualité orientée vers le rapprochement corporel homme/femme. **L'usage de la « génitalité » est facultatif !**

Mais une grande partie de la sexualité n'est pas orientée directement ainsi. Cette autre partie comporte, sur le plan corporel des caractères dits « sexuels secondaires » avec des différences corporelles portant, par exemple, sur la pilosité, sur la configuration des ceintures scapulaires et pelviennes (les épaules et les hanches) etc…

Sur le plan du corps et de l'«l'âme corporelle», la sexualité comporte des différences de réactions, de comportement. De même sur le plan de l'âme spirituelle, sur le plan affectif.

Certes ces caractères sont plus ou moins prononcés, sont « malléables », mais ne sauraient être négligés. C'est à travers la « différence » qu'ils induisent que, non seulement ceux qui vivent en couple, mais aussi ceux qui ne sont pas en couple, sont appelés à grandir en amour dans leur relation à « l'autre », spécifiquement, ou « aux autres », selon le cas !

La sexualité est un moyen voulu par Dieu pour la transmission de la vie humaine et aussi pour que les humains grandissent en amour à travers, justement, la « différence » avec « l'autre » ou avec « les autres ». C'est pourquoi nul ne doit s'y soustraire !

La sexualité est incontournable. On ne peut échapper à son sexe masculin ou féminin.

Il peut, cependant, survenir des anomalies dans le comportement sexuel.

<u>**Par contre, l'exercice de la génitalité est facultatif.**</u>

3) Anomalies dans le comportement sexuel

L'orientation de la sexualité d'un individu peut comporter des anomalies au niveau de « l'âme corporelle ».

Ces anomalies, quand elles consistent en **inversion de l'attirance normale** éprouvée pour l'autre sexe en une attirance vers le même sexe, constituent **l'homophilie.** L'homophilie se situe au niveau de l'âme corporelle (attirance, désir de rapprochement....) mais non au niveau du corps, lequel ne présente aucune anomalie.

Elle concerne des humains qui sont normaux au niveau de leurs organes, leurs hormones, leurs « caractères sexuels secondaires » mais pas au niveau de ce qui relève de leur « âme corporelle » qui est perturbée.

Si cette attirance que comporte l'homophilie débouche sur une utilisation de la génitalité pour une rencontre génitale avec quelqu'un du même sexe, il s'agit alors d'une homosexualité. En fait, il n'y a pas d'homosexuels, à proprement parler, mais des individus au **comportement homosexuel.**

A l'origine de cette homophilie et donc d'une éventuelle homosexualité, on trouve le plus souvent, mais pas toujours, des anomalies dans le comportement parental éducatif lors de la petite enfance. En tous cas, ce n'est pas l'hérédité qui est en cause, mais l'environnement, les circonstances, et le choix personnel face aux situations vécues : on ne naît pas « homophile » ou « homosexuel » !

Conséquences de l'homophilie et de l'homosexualité :

L'homophilie n'empêche pas d'aimer ! Mais elle ne permet pas de bénéficier de toutes les « ressources » pour l'amour qu'offre justement la « différence ». Elle ne permet pas non plus le « rapprochement » de façon normale avec « l'autre ». Si elle débouche sur des pratiques homosexuelles, celles-ci ne pourront jamais donner lieu à « paternité » /« maternité », ce qui constituera toujours une lacune. De plus, les pratiques homosexuelles comportent par elles-mêmes une tendance « pulsionnelle » qui favorise un décalage tout à fait anormal et préjudiciable entre l'affectif et le « génital ». Au niveau de l'homosexualité, il est tout à fait courant que quelqu'un(e) ait un(e) « ami(e) de cœur » avec qui existe un échange affectif profond….et en même temps, avec d'autres, des « rencontres de passage » désordonnées à caractère uniquement « génital » qui viennent contredire ce que voudrait montrer le vécu avec « l'ami(e) de cœur ». C'est pour cela que les pratiques homosexuelles ne correspondent pas du tout aux objectifs fixés par Dieu à la sexualité.

Il est important que chacun, au cours de son évolution psycho-affective, prenne conscience d'éventuels signes de tendance homophile. Ces tendances doivent attirer l'attention des parents et éducateurs, mais aussi celle des intéressés. On pourra alors proposer aux intéressés une remise en question et un autre choix pour éviter les conséquences souvent dramatiques d'une évolution vers les pratiques homosexuelles, toujours plus difficiles alors à « traiter » que la simple attirance. La sortie de l'homophilie avec retour à une attirance normale est toujours possible, à condition d'en prendre les moyens, donc de le vouloir.

4) La sexualité est-t-elle une bonne ou une mauvaise chose ?
Dans la mesure où elle réalise le but que Dieu lui assigne, celui de nous faire grandir en amour, elle est bonne ! Mais **elle n'est qu'un moyen, offert à notre liberté**. Comme tout moyen, elle contribue à un résultat dépendant de la façon de l'employer, bonne ou mauvaise.
Elle peut donc aussi déboucher sur le mal.
Il ne faut jamais confondre but et moyen. Le but de notre vie n'est pas l'assouvissement de notre sexualité mais l'obtention du Bonheur définitif, dans le Royaume de Dieu.
Cependant, ce serait une erreur de croire que, pour accéder plus facilement au Royaume, on puisse se débarrasser de notre sexualité. Ce serait aller à l'encontre du Plan de Dieu qui nous l'a donnée comme un moyen de progresser en amour, en l'utilisant comme il l'a prévu.
Dieu a fait de nous des humains et non des anges !
Quand nous ressusciterons, aux derniers jours, nous n'aurons plus alors besoin de sexualité pour atteindre l'amour …..auquel nous serons déjà parvenus. C'est dans ce sens que Jésus nous dit qu'à ce moment là nous serons, sur ce point là, « comme les anges » qui n'ont pas eu besoin de sexualité pour grandir en amour.
Par contre, nous avons besoin de canaliser l'énergie de notre sexualité pour la diriger toujours plus vers l'amour. En particulier, cette énergie, il nous est demandé, dans certaines circonstances, de l'employer pour certains buts, comme le travail, la solidarité, la maîtrise de soi, au lieu de l'employer dans le cadre de la « génitalité », car le résultat final sera ainsi plus conforme à l'amour. C'est ce qu'on appelle la **sublimation** !

ABORD PEDAGOGIQUE

Il doit mettre d'abord en évidence la **différence entre la sexualité humaine et animale**. Celle-ci sert uniquement à la reproduction, tandis que, chez l'homme la sexualité est orientée vers la croissance en amour, y compris à travers la procréation qui, de ce fait, devient « responsable ».

Les premières questions porteront sur le rôle de la sexualité voulue par Dieu :

1) à quoi sert la sexualité chez l'animal ?

Réponse : A la reproduction, par l'union de ce qui est d'origine mâle et ce qui est d'origine femelle au sein de la génitalité.

2) à quoi sert la sexualité chez les humains ?

Réponse : D'une part à donner à l'autre, qui est sexuellement différent, ce dont je dispose en moi et qui lui est nécessaire pour son véritable bonheur, mais d'autre part à accueillir de l'autre ce dont il (ou elle) dispose et qui est nécessaire pour mon véritable bonheur. On est là dans le cadre même de l'amour qui est don et accueil. Ceci est valable pour tous, car Dieu a donné à tous, à travers la sexualité, des capacités de donner du bonheur et d'en recevoir et accueillir de la part des autres.

Dans le cas du couple humain, la génitalité, au sein même de la sexualité, aura un rôle particulier pour faire grandir l'amour et, en plus, un rôle spécifique pour la procréation de l'enfant.

Pour concrétiser l'échange qui est à la base de l'amour à travers le don et l'accueil, on dessine deux cercles identiques représentant moi et « l'autre ». De moi, une flèche sortant du centre va jusqu'à l'autre cercle, représentant ce que je donne, à travers ma sexualité. Une autre flèche part du cercle qui représente

« l'autre » et se dirige vers mon cercle qui doit l'accueillir : c'est ce dont j'ai besoin.(cf schéma).

On peut montrer l'importance des échanges complémentaires entre les personnes en proposant un exemple :

Quand on organise un pique nique avec un groupe d'amis ou de camarades, il est profitable pour tous d'échanger ce que chacun a apporté plutôt que de manger chacun dans son coin sans s'occuper des autres et voir si tous ont de quoi manger ! Il y a ainsi don et accueil dans une véritable amitié.

3) Ensuite, demander aux jeunes ce qu'ils attendent de différent d'un père et d'une mère ?

Cela montrera que cette différence, essentielle pour leur évolution « psycho affective » et leur positionnement futur comme femme ou homme, vient du fait de la différence sexuelle entre leurs parents, qui favorise la complémentarité et l'équilibre.

4) Puis on abordera la question plus délicate de ce qu'ils attendent des camarades de l'autre sexe. S'ils ont quelque peine à s'exprimer là-dessus, ils pourront plus facilement dire ce qu'ils apprécient chez les camarades de l'autre sexe. Ce partage peut être une occasion exceptionnelle de connaissance de l'autre sexe sans honte ni complexe !

5) Parmi les composantes de notre personne : corps, âme corporelle, âme spirituelle et esprit, lesquelles sont concernées par la sexualité, et comportent des différences essentielles entre homme et femme ?

L'échange sur les précédentes questions devrait permettre de découvrir que la sexualité marque le corps et l'âme corporelle. Elle ne marque pratiquement pas l'âme spirituelle et pas du tout l'esprit.

Cependant, comme on l'a vu au chapitre 1, il y a retentissement réciproque de chaque partie de notre personne sur les deux autres. En particulier, ce qui touche notre corps et notre âme corporelle au niveau de la sexualité a une influence (bonne ou mauvaise selon le cas) sur notre spiritualité. Réciproquement, notre esprit doit exercer une influence sur notre sexualité pour que nous ne soyons pas, comme les animaux, menés par elle, mais au contraire en être les maîtres, nous en servir et non y être asservis ! C'est à nous et non à nos hormones de conduire notre vie !

Il est essentiel que les jeunes sortent de ce partage avec une notion claire de la sexualité, voulue par Dieu pour tous et donc incontournable, servant à notre progression en amour.
Ils doivent aussi comprendre que la génitalité est présente en chacun de nous mais que son utilisation est facultative !

Supplément pédagogique :
Rencontrer « l'autre » à la fois dans sa différence et dans sa similitude, c'est le premier objectif de la relation entre les sexes chez les êtres humains, avec, pour résultat la pater/maternité et la croissance en amour. Pour que cette rencontre soit **profitable et non destructrice**, il y a un mode d'emploi, des précautions à respecter. Pour illustrer cela, on peut évoquer la rencontre entre la terre et un « objet extra-terrestre » tel une météorite.
 L'impact de celle-ci sur la terre peut être catastrophique et on a même évoqué cette hypothèse d'une rencontre cataclysmique comme étant à l'origine de la formation de la lune ainsi que de la disparition des diplodocus !
Par contre, quand un « vaisseau spatial » regagne la terre, l'approche de celle-ci selon des règles bien étudiées et bien respectées permet de réaliser un véritable prodige. Il en est de même pour l'approche de l'autre sexe !

Références bibliques

Gn 1, 27 : Dieu nous donne la sexualité : elle est très bonne (verset 31)- Gn 2, 18-24 Dieu crée une relation privilégiée homme/femme au moyen de la sexualité. Mc 10, 2-12 Jésus précise le Plan de Dieu sur la sexualité humaine.

Mt 19, 10-12 : l'option du célibat, la « sublimation » (cf chapitre 9).

Lc 14, 28-32 : discernement de l'appel à un certain état de vie.

1 Cor 7, 1-16 : réponses de Paul à des questions sur le mariage.

Gal 5, 13-14 : la chair et l'esprit. Versets 19-25 : les fruits d'une sexualité vécue dans le plan de Dieu ou en contradiction avec lui.

Eph 5, 21-33 : les relations « nouvelles » dans les couples chrétiens respectueux du Plan de Dieu.

CHAPITRE 7

LES DESIRS

Ce chapitre recoupe en partie certains chapitres précédents et d'abord le premier avec la description de l'inconscient. Il est important pour comprendre la contradiction fréquente entre une « pratique chrétienne affichée » et un comportement en contradiction avec la foi.

A) **Pour les animateurs** -

1) Définition et variété des désirs

Un désir est une démarche de notre personne en vue de la satisfaction d'un besoin. Le besoin représente la nécessité de quelque chose pour atteindre un certain objectif. Par exemple, le besoin de nourriture représente la nécessité d'apport alimentaire pour assumer la croissance puis l'entretien et le fonctionnement de notre corps. A l'origine de notre démarche **en vue de satisfaire ce besoin, il y a le désir** que l'on nomme « appétit ».

Le besoin a un certain lien avec le « manque ». Dans l'exemple précèdent, l'appétit se manifeste quand certains « clignotants », dans notre corps, nous indiquent que le « combustible » indispensable pour notre « moteur » commence à manquer. Il s'agit là d'un besoin selon les circonstances.

De même, si je veux écrire, il me faut pour cela un stylo : je désire alors un stylo et je vais m'en procurer un. Mais ce besoin est temporaire, limité à cette circonstance.

Au contraire, il est un besoin qui existe chez l'homme de façon naturelle et constante, même s'il ne se manifeste pas à chaque instant. **C'est le besoin d'être aimé et d'aimer** Ce besoin est en effet en lien avec ce que nous attendons tous dans notre vie : le **BONHEUR**…car c'est l'amour qui peut nous donner le bonheur. On peut donc dire que c'est notre besoin fondamental.

Ce besoin débouche sur le désir correspondant, désir fondamental d'être aimé et d'aimer à partir duquel va se jouer la destinée de l'homme.

Quand un désir habituel est satisfait, l'homme éprouve un plaisir. Quand il est insatisfait, il en résulte une souffrance.

Lorsqu'il s'agit du désir fondamental d'être aimé et d'aimer, la satisfaction donne du bonheur et l'insatisfaction donne du malheur.

Tous nos désirs n'ont donc pas la même importance puisqu'ils n'ont pas le même objectif ou but. **Il y a donc une « hiérarchie » dans nos désirs. L'un d'eux est essentiel, c'est le désir fondamental d'être aimé et d'aimer que nous venons de voir**. Tous les désirs qui vont dans le même sens que le fondamental sont bons puisqu'ils favorisent le BONHEUR par L'AMOUR et sont donc dans le Plan de Dieu. Au contraire, ceux qui sont contraires à l'amour mènent d'une façon ou d'une autre au MALHEUR, par opposition à l'amour, par refus de l'amour (c'est-à-dire par le péché qui n'est autre que refus de l'amour).

On a vu dans le chapitre 3 comment nous devions nous brancher sur la source de l'amour pour satisfaire notre désir fondamental.

2) CONSEQUENCES DE L'INSATISFACTION DU DESIR DANS LE CAS DU DESIR FONDAMENTAL

En raison de la rupture de l'humanité avec Dieu, par le refus de trouver le bonheur dans le Plan d'amour de Dieu, l'homme est entré dans la méfiance systématique par rapport à Dieu et à son amour. Quand il vient au monde, l'homme réalise rapidement que son désir d'être aimé et d'aimer reste insatisfait. En effet, ceux là mêmes qui sont le plus proches de lui le blessent sans le faire exprès (ou sciemment !). Chaque homme s'interroge alors sur la cause de cette souffrance et son « inconscient », égaré par « l'ennemi », **le persuade que s'il n'est pas aimé, c'est parce qu'il n'est pas aimable, pas digne d'être aimé.** L'homme accueille ce mensonge (alors qu'en vérité, Dieu nous aime infiniment !) et il a le sentiment qu'il est « coupable » de « non-amabilité ». C'est là **le « sentiment de culpabilité » ou « sentiment d'infériorité »**, portant sur ce que l'on est et non sur ce que l'on a fait. Cette erreur est catastrophique et nous pousse à l'une ou l'autre des trois réactions examinées dans la fiche 3 :

- compensatoire
- cynique
- fusionnelle

qui nous écartent de Dieu et des autres et nous laissent sur notre soif d'amour véritable.

3) IMPORTANCE DE DISCERNER LE CARACTERE BON OU MAUVAIS DE NOS DESIRS

La satisfaction (ou l'insatisfaction) de nos désirs a des conséquences capitales sur notre adhésion ou notre refus, notre progression ou notre régression, en matière d'amour.

Pour discerner la conformité ou l'incompatibilité de nos désirs par rapport à l'amour, il nous faut être « en vérité ». Or, nous faisons souvent du « camouflage » ! Ainsi, quand un garçon qui à envie de « s'amuser » avec une fille lui dit qu'il l'aime alors qu'il veut seulement la « posséder »...il camoufle une simple « attirance » physique en « amour ».

Nous avons trop souvent de « bonnes raisons » pour camoufler le caractère mauvais de nos désirs derrière de soi-disant bonnes intentions !

4) SAVOIR ATTENDRE

C'est un point important du problème soulevé par nos désirs. Ceux-ci ne sont parfois mauvais que parce qu'ils sont « prématurés », c'est-à-dire manifestés trop tôt, alors que nous ne sommes pas prêts à en assumer les conséquences.

Parce que le désir qui monte en nous est intense, on se laisse alors emporter par lui alors qu'il faudrait avoir le courage et la patience d'attendre le bon moment pour satisfaire ce désir. **Savoir attendre est souvent une preuve d'amour véritable, à travers l'épreuve du sacrifice que cela exige de nous !**

5) PRINCIPE DU MOINDRE MAL

On se trouve parfois devant un choix difficile entre deux désirs.

Soit que l'un et l'autre soient bons mais de façon inégale. Il faudra alors choisir, en principe, celui qui est le plus porteur d'amour.

Soit, au contraire, que l'on se trouve dans une situation que l'on n'avait ni prévu ni voulu (peut-être à la suite d'erreurs de notre part….ou autrement !).

Dans cette situation, de quelque côté qu'on désire se tourner, on prévoit des conséquences mauvaises, alors qu'il est impératif de « faire quelque chose ».

Il est bien évident, dans ce cas, que l'on doit **choisir, entre les deux solutions éventuelles, celle qui s'éloigne le moins de l'amour.** Mais il est bien entendu que, **dés que ce sera possible, on optera pour une solution pleinement conforme à l'amour.**

6) CONNAITRE LE CHEMINEMENT DE NOS DESIRS

CHEMINEMENT DES DESIRS

Pour qu'un **désir élaboré dans l'inconscient** puisse se concrétiser efficacement, il lui faut sortir de l'inconscient et parvenir à notre conscient. Le désir doit, pour cela, franchir en premier la « porte du surmoi ».

Première étape : le surmoi.
Qu'est-ce que le surmoi ? C'est une « structure » de notre personne capable de filtrer nos désirs en recherche de réalisation. Filtrer veut dire **choisir ce qu'il faut arrêter et ce qu'il faut laisser passer**. Mais d'après quels critères se fait ce choix ?
C'est d'après la conformité ou non du désir avec une « loi » qui nous a été imposée, de l'extérieur, à travers les injonctions de notre éducation, à travers l'influence (ou la pression) sur nous, du groupe, de la société, auxquels nous appartenons, censé avoir compétence en matière de **ce qui « doit se faire ou ne pas se faire »**.
Ce surmoi fonctionne en accord avec **des principes stricts** comme, par exemple, l'interdit de l'inceste, le respect de la vie d'autrui etc....
Ce surmoi s'impose à nous, sans que nous ayons la possibilité d'y changer quoi que ce soit !
Plusieurs éventualités sont alors possibles quand un désir se présente au « surmoi ».
- Le surmoi n'accepte pas le passage et le désir retourne dans l'inconscient.....au moins pour un temps, sans même que nous ayons pu prendre conscience de son existence.
- Au contraire, le **surmoi admet ce désir car il n'est pas en contradiction avec lui.** Il le laisse alors passer vers le « conscient ».
- Ou encore, le surmoi est comme débordé par l'intensité du désir, pourtant contraire à ses « principes », et il doit le laisser venir au conscient : c'est

une « **pulsion** » **dans le sens où ce désir pousse à sa réalisation malgré l'opposition du surmoi !** Exemple: le désir de voler du kleptomane.

- Enfin, parfois, le désir arrive à franchir le surmoi, mais n'est pas identifiable comme un désir venant de notre personne. C'est comme une sorte de « corps étranger » dont la prise de conscience n'est pas nette et va provoquer, de la part de notre « conscient », soit une élimination sans aucune analyse préalable, soit une élimination avec une analyse rudimentaire. Dans les deux cas, c'est un « refoulement », totalement ou partiellement conscient, qui va en résulter, avec retour « à l'envoyeur », c'est-à-dire à l'inconscient !

Deuxième étape : l'arrivée dans le conscient, c'est-à-dire dans la structure de la personne où s'effectue la constatation de la réalité, où l'on prend « conscience de.... ». Si l'on reprend le schéma de la case représentant les secteurs « conscient », «subconscient » et « inconscient » de la personne humaine, on voit que le « conscient » est comme une pièce fermée mais **éclairée par une** « **lumière** ». De quelle lumière s'agit-t-il ?

TOUT D'ABORD, LA LUMIERE DE LA « PENSEE »,
C'est au niveau « charnel » de la personne (l'âme corporelle).

C'est là que s'élaborent **les « convictions »,** dont celles concernant ce qui est « bien » et ce qui est « mal » et constituent la « conscience morale **charnelle** », lot de tout humain.

Alors que les « codes » contenus dans le surmoi nous restaient extérieurs, les « codes » de cette « conscience morale charnelle » ont été intégrés, acceptés par chacun de nous, dans notre conscience. Ils restent, cependant, profondément « charnels », dépendant en partie d'un certain nombre de facteurs, si bien **qu'ils diffèrent selon le groupe, la société auxquels nous appartenons.**

Cependant, sous la dénomination de « loi naturelle » existe un ensemble de codes admis par tous, mais dont les limites, à vrai dire, sont parfois imprécises !

Tout désir parvenant à notre conscient va affronter ces différents codes constituant la « conscience morale charnelle ».

Certains de ces codes vont faciliter la réalisation du désir et d'autres vont nous en dissuader.

Par exemple, le « code d'honneur corse » qui imposait à ce père de punir de mort son fils coupable d'avoir enfreint la loi de l'hospitalité était à l'opposé du « code de l'amour paternel » présent normalement dans le cœur de tout père, mais c'est lui qui a prévalu !

De même, le « code de la libre disposition de son corps, au nom de la propriété de soi-même » et qui va pousser une femme à l'avortement est en contradiction avec le « code maternel » qui fait de toute femme la protectrice de l'enfant qu'elle porte. Il y a, alors, combat entre les deux « codes ».

Autre exemple, le code de « la libre disposition de soi-même » va entrer en concurrence avec le code de la « nécessité d'un engagement total dans l'amour ». Le premier des deux va freiner l'engagement que constitue le mariage et inciter un couple à vivre simplement en concubinage. Le second, au contraire, va inciter au mariage !

On peut établir un certain nombre de **facteurs susceptibles de freiner ou faciliter la réalisation des désirs à ce niveau « charnel » du conscient:**

> a) **En premier est l'image que nous nous faisons de nous-même**, la façon dont nous nous situons par rapport aux autres, par rapport à Dieu….autrement dit, **notre « position de vie ».**

Ainsi, devant ce désir qui se présente à nous, nous pouvons avoir une réaction d'étonnement s'il est en désaccord avec ce que nous pensons être, s'il est en désaccord avec notre « position de vie ». Nous réagissons alors en rejetant ce désir : « non, ce n'est pas possible, ce désir ne vient pas de moi, je ne me reconnais pas en lui » !

Cette réaction de rejet est plus ou moins consciente, comme on l'a vu plus haut, avec les conséquences évoquées dans ce cas :

Sans chercher plus loin, je puis alors « **refouler** » ce désir, ne voulant pas, en moi, **de ce corps étranger** ! Sans discuter, sans chercher, au fond, pourquoi cela me fait réagir ainsi et sans rechercher ce qui me fait voir ce désir comme indigne de moi, de ma « position de vie », je refuse toute analyse : je renvoie ce désir importun « dans la cave de mon inconscient ».

A noter que l'idée qu'un tel désir puisse venir de moi est tellement insupportable que tout ce qui précède peut se dérouler sans même que je m'en rende compte : **ce refoulement peut être alors totalement inconscient**.

L'important, est que ce désir refoulé n'ayant pas été analysé, il garde toute la force, toute l'énergie qui lui sont naturellement attachées. Il est donc fatal que, revenu dans la « cave de l'inconscient », il cherche à se manifester à nouveau, à sortir de la cave, à la première occasion. Il est comme un rat énergique enfermé dans cette cave, connaissant qu'il ne peut sortir par la sortie normale où il se ferait « matraquer » de nouveau.

Dés lors, il va creuser un « tunnel » lui permettant de déboucher sans problème dans le « conscient » et, pour plus de sûreté, il va se déguiser….en chat. Sous cette forme acceptable de « chat », ce « désir-rat » est certain d'être admis par le conscient.

C'est le processus de **« l'hystérie » ou « simulation inconsciente »** qui va brouiller complètement les cartes et tromper toute personne non avertie de cette fausse présentation d'un désir qui reste « camouflé ».

Exemple de cette « simulation inconsciente », l'histoire d'Umberto :

UMBERTO a huit ans. Son frère Jonas en a 10. Tout allait bien dans cette famille heureuse dont les deux parents, attentifs et aimants veillent au bonheur de chacun. Hélas, la venue de la petite Estrella, il y a deux ans, a perturbé cet équilibre. Umberto, très avide de l'amour de ses parents, s'est senti frustré, d'autant plus que des réflexions imprudentes ont renforcé Umberto dans la conviction qu'à la place de leur deuxième garçon, les parents avaient déjà désiré une fille, enfin obtenue par eux en la personne de cette « affreuse Estrella » vers laquelle Umberto estime que vont toutes les attentions dont lui-même se sent privé. D'où la jalousie qui le ronge et lui fait rechercher les moyens de se débarrasser d'Estrella et de récupérer l'amour dont on l'a dépossédé au profit de l'intruse!

Le désir d'étouffer Estrella, ce qui serait facile, se heurte au barrage absolu du « surmoi » d'Umberto et si, probablement, ce désir s'est présenté à son surmoi sans qu'Umberto en soit conscient, il est retourné rapidement de lui-même dans la « cave ».

Par contre, la blessure de « l'injustice formidable à son égard », que ressent Umberto, a fait naître dans son inconscient *le désir de compenser le refus par ses parents de lui donner l'amour qu'ils lui doivent !* Puisqu'on lui refuse ce qu'on me doit, il va le prendre sous une autre forme ! ». C'est ce qui a pris corps dans son inconscient…sans même qu'il s'en doute et sans même qu'il se le dise ! C'est ainsi qu'il est devenu « chapardeur », volant ses parents pour « récupérer ce qu'on lui doit » ! *Son désir est devenu une pulsion* et, quand l'occasion se présente il ne peut s'empêcher de voler dans le porte-feuille de ses parents. *Son surmoi n'a pas pu empêcher la pulsion de s'accomplir.* Il a conscience de son vol, mais non de l'origine de ce qui le pousse à cette « récupération ». Umberto en est-il heureux pour autant ? Non, car, si la notion d'injustice le pousse au vol, par contre, son désaccord avec sa propre « conscience morale », lui fait ressentir « la honte »…d'autant plus qu'il s'est mis à voler aussi son frère Jonas et qu'il sent en lui l'envie de voler dans les magasins sans pouvoir vraiment s'y opposer : **c'est devenu une**

pulsion douloureuse! Jusqu'au jour où Umberto a été pris « la main dans le sac…à mains de sa mère ».

Comme ses parents l'aiment profondément, contrairement à ce qu'il pense, ils lui ont simplement dit le chagrin que cela leur causait. *Cela a ébranlé la conviction d'injustice d'Umberto*, mais pas son désir immense de voir ses parents s'intéresser à lui plus qu'à Estrella. Il a donc pu, quand le désir de voler s'est représenté à lui, chasser ce désir, *mais sans régler le problème de jalousie : il a « refoulé » son désir jaloux « purement et simplement ».* Ce désir a donc réintégré « la cave » avec toute sa force et « le rat » a creusé son tunnel qui a débouché sur une manifestation inattendue chez Umberto : il a recommencé à faire pipi au lit !

C'est alors que les parents ont demandé un avis « psycho- spirituel » qui les a éclairés sur l'origine de ce « pipi au lit ». Ainsi ils ont pu faire en sorte que Umberto se sente aimé comme il le désirait, ce qui a fait cesser, après les vols, ce qui était, en fait, un appel de détresse à être aimé et qui a ramené la joie dans cette famille.

Par cet exemple on comprend la gravité du **« refoulement »** entraîné par une « position de vie » inadéquate.

Par conséquent, il est important de se rendre compte du choix malencontreux que l'on a pu faire, à l'origine d'une « position » de « sauveteur » ou de « victime ».

b) L'influence du milieu, de l'environnement.

Elle est très importante et conditionne en partie la « conscience morale charnelle ». Elle est à la base de ces « codes » dont on a vu, plus haut, l'importance. Elle peut réaliser un « péché de structure » :

Un groupe, une société, sont marqués par leur histoire. Au cours de celle-ci, il y a des manifestations collectives d'indépendance par rapport à Dieu, **par rapport**

à la fixation, par Dieu, de ce qui est Bien et de ce qui est Mal. L'homme veut s'affirmer comme capable de déterminer le Bien et le Mal (figurés de façon emblématique, dans la Genèse, sous l'aspect du fruit de l'arbre de la « connaissance »). C'est l'histoire d'Adam et Eve, c'est aussi celle des juifs demandant à Elie de leur donner un roi (1 Sam, 8, 7) pour se débarrasser de la soumission à Yaweh ! A chaque fois il en résulte un **« péché de structure »** qui altère complètement le discernement de toute la structure quant à la détermination du Bien et du Mal (2 Sam, 11 et 12)

Dans ce cas, chaque individu de la structure en cause a une « conscience morale charnelle faussée ».

C'est encore le péché de structure dont il s'agit dans **l'esclavage** ou dans la **banalisation de l'avortement** ou encore dans le « refus de l'**engagement** à l'amour » actuellement si répandu (cf plus haut).

Quel que soit le problème en cause, il y a une distorsion au niveau de la « conscience morale charnelle » : on déclare « bien » ce qui est « mal » et « mal » ce qui est « bien », car la lumière du « conscient » est obscurcie au niveau de « l'âme corporelle » et parce que « tout le monde fait comme cela » dans la structure en question!

A bien noter que ceux qui sont « pris » dans le péché de structure n'ont souvent eu aucune complicité dans l'établissement de ce péché dans le passé et par conséquent ne tombent pas toujours dans la définition du « péché » puisqu' égarés par leur « conscience morale charnelle » faussée !

Cette influence de la « lumière charnelle de la pensée » cache en nous la « lumière de l'Esprit » (cf plus loin), et nous ne sommes plus capables de distinguer le Bien et le Mal.

c) **La complicité avec le Mal** :
Quand nous subissons une blessure par un tiers, nous faisons appel de cette « injustice » en choisissant de réagir :

- soit selon **la « justice des hommes »** basée sur la loi du talion, la rancune et la haine.
- soit selon « **la justice de Dieu** » basée sur le pardon et l'amour.

Si nous avons choisi la rancune et la haine, nous devenons **« otages du Mal » en ce sens que nous ne discernons plus le bien et le mal** (cf Mt 5, 20 : ne pas choisir la « justice des pharisiens »).

La complicité avec le Mal fausse la « conscience morale charnelle ». Il y a une distorsion **du jugement émis par notre intelligence**, une disparition de l'objectivité par rapport au désir en jeu !

LA LUMIERE VERITABLE, celle du CHRIST (Jn 1, 9)

La lumière qui vient de notre « âme corporelle » éclairée par les « convictions » de notre pensée, est souvent altérée, comme on vient de le voir et fausse alors le discernement du désir par la conscience morale.

Cette seule lumière ne permet plus à notre « conscient », de discerner le désir qui se présente à lui après avoir franchi le surmoi.

Il faut que notre conscient soit éclairé par une lumière non plus « charnelle », mais « spirituelle ». C'est le rôle de la « lumière du Christ », dégagée du « boisseau » de tous ces obstacles que l'on vient de voir et mise « sur le candélabre » **pour éclairer notre conscience morale sur le plan « spirituel ».**

A partir de la« certitude », acquise par notre esprit, de la valeur absolue de l'AMOUR et de ce qui en découle, notre « conscience morale charnelle » pourra examiner tout désir se présentant à notre conscient. De notre « esprit » jaillira ensuite la volonté qui, après ce discernement spirituel, est nécessaire pour l'accomplissement du Bien.

C'est à cette phase du cheminement des désirs que joue cette rivalité, en nous-même entre le souhait d'accomplir le Bien, dans l'amour et la tendance à lui résister. C'est le combat décrit par Paul entre ces « deux hommes » aux désirs contradictoires qu'il y a en dedans de nous !

On voit bien qu'à côté de la « conscience morale charnelle », doit intervenir, au niveau du « conscient », la « conscience morale spirituelle » basée sur l'acceptation de l'Alliance Nouvelle et Eternelle entre Dieu et l'humanité, venant de la Source d'Amour qu'est Dieu/ Trinité.

Il nous faut donc modifier le schéma BC4 qui montre un « éclairage » de la conscience morale purement « charnel », « psychologique ».

On vient de constater combien cet éclairage à ses faiblesses. D'ailleurs, la petitesse de l'ampoule figurant sur le schéma évoque bien le risque d'une « conscience morale purement psychologique, charnelle (donc rattachée à la matière…pour ne pas dire « matérialiste ») et combien est grand le risque de déboucher sur un discernement totalement coupé de l'esprit (comme le proposent les « psy » athées ou « déistes » qui refusent un « esprit » caractéristique de la personne humaine, laquelle ils ne distinguent pas, en cela des animaux supérieurs).

Il faut donc que la « case/personne humaine » du schéma comporte une ouverture possible sur l'extérieur ou brille la Lumière de l'Esprit promis par le Christ.

Cette porte/fenêtre, c'est celle à laquelle frappe le Christ chez tout homme (Ap 3, 20). Si la personne ouvre, le Christ s'installe chez elle et **l'Esprit Saint éclaire** le discernement de ses désirs au niveau de sa « conscience morale »…..spirituelle !

Si le désir ainsi discerné relève de l'amour, je puis et dois concrétiser ce désir.

S'il est contre l'amour, je dois le rejeter…faute de quoi je serais dans le péché et cette fois ci <u>en toute connaissance de cause</u>**, par rejet de « l'alliance d'amour» car, à ce niveau, il s'agit de certitude (spirituelle).**

<u>Conséquences du rejet, par la « conscience spirituelle », d'un désir qu'elle a jugé mauvais :</u>

Si c'est à la lumière du Christ que j'ai effectué ce choix, je n'ai plus à craindre que ce renoncement motivé entraîne les inconvénients décrits dans le « refoulement ». En effet, le seul fait de m'être placé dans la Lumière du Christ et donc de l'Esprit Saint revêt le renoncement d'une irrésistible force de progression dans l'amour, tout en faisant perdre au désir l'énergie propre qu'il possédait, au bénéfice d'une énergie plus efficace pour le BONHEUR ! C'est là ce qu'on appelle la sublimation qui **compense largement la « frustration » pouvant résulter de ce renoncement.**

Ce survol du cheminement du désir montre la différence entre les étapes. Celle du surmoi est dominée par un code qui nous reste « extérieur ». L'étape de la « conscience morale charnelle » est dominée par **l'intégration**, en notre « charnel », de codes **acceptés par nous mais malheureusement souvent distordus.**

L'étape de la « conscience morale spirituelle », est dominée par **l'acceptation de l'Alliance d'amour**, fondée sur la certitude de l'Amour de Dieu transmise à notre esprit par l'Esprit de Dieu (Rm 8, 16) ! C'est l'étape fondamentale, mais pas toujours concrétisée, qui nous permet de discerner nos désirs selon l'appréciation de Dieu, selon l'Amour!

La nette séparation entre « psychologique » et « spirituel » apparaît, lors des accompagnements « psycho-spirituels », au niveau des discernements par la « conscience morale charnelle » et par la « conscience morale spirituelle ». En même temps il est évident que la globalité de la « personne humaine », à la fois chair et esprit, oblige à prendre en considération la réalité de ce « cheminement de nos désirs » pour progresser en amour et personnalité vers le Royaume !

3) **Références biblique**
- Le refus d'attendre : Gn 3, 1-7   - Savoir attendre : Mc 4, 26-32 (parabole du grain qui pousse seul et celle du grain de sénevé).
- discerner : Mc 9, 43-50

Le besoin fondamental d'amour à travers la Bible
- La samaritaine (Jn 4).
- Le cantique des cantiques.
- La déclaration d'amour de Pierre au bord du lac (Jn 21).
- «   «   «   «   Thomas (Jn 20)…….
- L'onction de Béthanie : Lc 7, 36-48.
- Rm 5, 5 : l'amour de Dieu répandu dans nos cœurs.

Or, ce besoin fondamental, c'est celui-là même qui est en chacune des trois personnes de la Trinité !

Contradiction entre nos désirs
Rm 7, 15.

B) ABORD PEDAGOGIQUE

On peut revenir sur ce qui a déjà été exprimé à la première séance : le nombre fantastique de « désirs » que nous portons en nous et qui ne parviennent pas tous à notre « conscient ». Rappeler **que le désir fondamental que nous portons tous, c'est d'être aimé et d'aimer.** Mais on va **surtout essayer de voir clair dans nos désirs pour choisir les bons et rejeter les mauvais.**

(a) D'où viennent nos désirs et que nous apportent-t-ils ?

On va déjà, pour cela, reprendre le système des « tableaux » de la première séance pour voir quels besoins/désirs viennent de notre corps, de notre « âme corporelle » ou bien de notre « âme spirituelle » ou « esprit ». Cette recherche doit être assez rapide, car il s'agit surtout de montrer **l'importance des désirs venant de cette partie de nous-mêmes qu'est notre « esprit »,** essentielle car elle est le lieu de l'amour profond et de la volonté profonde, le lieu de nos certitudes les plus essentielles.

1) BESOINS /DESIRS en lien avec notre corps :

Faire découvrir d'abord les besoins/ désirs **en lien avec le fonctionnement normal** de **notre corps** : il faut boire, dormir, respirer etc...Ces besoins, nous n'en avons très souvent même pas conscience. Leur satisfaction donne un plaisir, celui d'avoir calmé la faim, par exemple ou encore celui de se sentir « en forme » dans son corps, de pouvoir respirer à fond, de percevoir ses capacités physiques.

Faire découvrir ensuite les besoins/désirs plus élaborés, mais toujours en **relation avec notre corps**

Désirs en lien avec les différents « sens » de notre corps :
- comme la vue : plaisir de contempler de beaux paysages….etc.
- comme l'ouïe : plaisir de la musique….
- le goût : plaisir de ce que nous trouvons bon à déguster….
- l'odorat : «   «   «   «   «   «   à respirer
- le toucher : «   «   «   «   « agréable comme une caresse ».
- La satisfaction de ces désirs **entraîne un plaisir apportant** déjà un certain bonheur, à la condition qu'ils soient en accord avec l'amour. Par exemple, si, lors d'une sortie de la classe chacun a apporté son pique nique, c'est un bonheur que de le manger…sauf si, voyant que mon camarade n'a qu'un morceau de pain rassis et sec, je mange mon délicieux pique nique sans lui proposer de partager !

2) BESOINS/DESIRS en lien avec notre âme corporelle :

Ils concernent ce qui dépend de l'âme corporelle : imagination, mémoire, sentiments….

Notre besoin de connaître, d'imaginer, nous fait désirer lire des aventures, regarder des films, chercher des activités nouvelles, des connaissances nouvelles, voir de nouveaux pays, **ce qui donne du plaisir**. C'est bon en tant que « distraction relaxante » et acquisition de connaissances. Mais si l'on s'enferme dans l'imaginaire au point de perdre le contact avec la réalité, cela présente un danger, celui d'être « à côté de la plaque », et parfois même de sombrer dans un « délire », comme celui que peut susciter la drogue.

Nous éprouvons aussi le besoin de nous « souvenir » et de nous « rappeler ».

Plus nous avançons en âge et plus nous vivons, d'ailleurs, dans nos souvenirs. C'est bon de se souvenir, mais il ne faut pas s'enfermer dans le passé et, au contraire, se préparer à l'avenir…sinon celui-ci ne nous fera pas de cadeau !

Quant aux sentiments, nous avons besoin d'en éprouver d'agréables par rapport aux situations et ils sont bons s'ils sont en accord avec l'amour.

Ces sentiments peuvent aussi provoquer en nous **une attirance** qui nous pousse à une relation plus proche avec les autres en général ou avec un « type » d'autres plus spécialement, voir avec une personne déterminée, particulièrement. Nous éprouvons alors **un besoin de rapprochement, à ne pas confondre avec l'amour** lui-même.

3) **BESOINS/ DESIRS** en lien avec notre « âme spirituelle » ou avec notre « esprit ».

Il faut faire découvrir aux jeunes que tous ces besoins là **viennent, directement ou indirectement, du besoin/désir fondamental d'être aimé et d'aimer** que tout être humain porte en lui en tant qu'image de Dieu.

Rechercher, avec les jeunes, **des exemples de satisfaction de ce besoin fondamental, à travers:**
- Les manifestations et les preuves d'amour *reçues* **de ceux que l'on aime.** Par exemple, le dévouement de nos parents, d'habitude ou dans des occasions qui nous ont marqués (maladie, épreuve....), la consolation et la joie, accueillies de leur part et de la part de ceux qui nous entourent, surtout dans les moments difficiles....
- Mais aussi le **bonheur d'avoir** *donné* **aux autres** ce qui leur était nécessaire pour être heureux.

A l'opposé, on cherchera aussi quelles **souffrances nous avons parfois, quand on ne se sent plus compris, respecté, aimé, et même quand on croit être complètement rejeté.** C'est dans ces moments là que nous avons besoin d'accueillir l'amour de ceux *qui nous aiment vraiment*, sans condition, à commencer par Dieu Lui-même, si proche de chacun de nous en la personne de Jésus dont l'amour ne nous fera jamais défaut.

L'amour que Dieu nous porte est manifeste en la personne de Jésus. Il est relayé par l'amour de ceux qui nous aiment vraiment (dont un jour la personne avec qui nous ferons peut-être un couple dans l'amour). Il nous confirme notre vraie valeur, nous montre que nous sommes faits pour être aimés, donc « aimables par nature ».

Pourtant, sommes-nous si certains que cela d'être dignes d'être aimés ?

Faire découvrir par les jeunes que nous avons tous un doute là-dessus. Leur demander qu'est-ce qui montre bien que nous avons un doute. La réponse, c'est cette préoccupation de savoir si les autres, autour de nous, pensent du bien de nous, nous apprécient. Cette préoccupation s'exprime dans les efforts que nous faisons pour nous justifier lorsque nous sommes accusés d'avoir fait une faute : nous vivons trop dans le regard des autres, dans l'appréhension de leur jugement sur nous. **Nous sommes habités par le « sentiment d'infériorité/culpabilité ».**

La bonne réaction, c'est de **pardonner** (comme l'a fait Jésus) à ceux qui, par erreur ou par méchanceté, nous ont rabaissés ! Ainsi serons-nous libérés et enfin conscients de nos vraies capacités et de nos vraies limites !
La mauvaise réaction par rapport à cela, c'est de **vouloir nous affirmer excessivement aux yeux des autres, en les rabaissant** pour mieux nous « grandir » soi disant !

Un exemple de cette fausse valorisation : vouloir se donner de la valeur en ayant les dernières chaussures, jeans etc…à la dernière mode (Pour « faire dentelle ») !

Ce qui compte le plus c'est la satisfaction du besoin/désir d'être aimé et d'aimer, à tel point que :
- si ce désir est satisfait, on peut être heureux, alors même que manquent les plaisirs résultant de la satisfaction des besoins/désirs de « la chair » (corps et âme corporelle).
- Mais si le BESOIN FONDAMENTAL N'EST PAS SATISFAIT, la satisfaction des besoins/désirs de la chair ne peuvent donner que plaisir passager et non BONHEUR.

Il sera assez facile de **faire découvrir autour d'eux, par les jeunes, des exemples de ce qui précède !**

(b) **Qu'y a-t-il derrière nos désirs ?**

De même qu'un train ou un bus peut en cacher un autre qui arrive dans l'autre sens, de même un désir peut en cacher un autre qui va dans un tout autre sens.

Par exemple, quand PRISCILLA, 4ans, fait des mamours à son petit frère JOHNY qui a trois mois et dont elle est très jalouse, son vrai désir n'est pas de lui faire du bien, mais de regagner l'amour de ses parents qu'elle croit avoir perdu suite à la venue de « cet affreux Johny ». Derrière le désir de Priscilla de « faire des mamours », il y a son besoin/désir d'être aimée.
Pour arriver à son but, Priscilla peut aussi penser qu'elle doit être tellement obéissante que, du coup, ses parents finiront par lui redonner sa « part d'amour » qu'elle croyait (à tort) avoir perdue : elle désire paraître une « enfant modèle ».
Cela va l'obliger à certains sacrifices difficiles, dont elle risque de tenir rigueur à Johny et à ses parents. Derrière tous ces désirs-là, il n'y a pas d'amour vrai, mais un semblant d'amour. La bonne solution, c'est de désirer que tous, dans la famille, soient vraiment heureux parce que s'aimant les uns les autres, sans introduire la méfiance (contraire à l'amour), qui « tient les comptes » de ce que les uns et les autres me font ou ne me font pas, en leur pardonnant même ce que je trouve « pas très juste ! ».
Autre exemple :
Ludo, 13 ans a parié avec ses copains qu'il embrasserait Katy (13 ans aussi) à tel endroit, à tel moment, bien déterminés pour que les copains puissent constater en se cachant et qu'il touche le prix du pari. **Le désir que Ludo va exprimer** à Katy pour l'entraîner, c'est, soi disant, de lui exprimer « son amour ».
Mais, **en réalité, cela cache le désir de se servir de la naïveté de Katy** à son seul bénéfice à lui et au détriment d'elle.
Ces deux « scénarios » sont à construire avec les jeunes qui peuvent très bien

imaginer tout cela et comprendre ce qu'il peut y avoir de mauvais derrière un « désir » soi disant bon !

(c) Peut-t-on résister aux désirs ?

La suite que nous donnons à nos désirs, satisfaction ou renoncement, est en relation avec notre LIBERTE, c'est-à-dire notre capacité de choisir et de notre POUVOIR, c'est-à-dire notre capacité de réaliser ce que nous avons choisi.
Poser la question aux jeunes, (en choisissant un exemple adapté à leur vie) :
- avez-vous toujours la liberté de **choisir la suite que vous voudriez donner** à vos désirs ? La réponse est OUI et le résultat du choix dépend de notre option pour ou contre l'amour, selon que le désir en question est conforme ou non à celui-ci. (exemple : j'ai trouvé un portefeuille contenant la somme qui me permettrait d'acheter la petite moto dont j'ai envie. Ai-je la liberté de choisir entre rendre ou garder l'argent ?

Dans certaines circonstances, devant certains problèmes, aucune solution n'est aussi conforme à l'amour qu'on le voudrait et il y a nécessité impérieuse d'agir. Dans ce cas, on choisit la moins mauvaise solution, mais en désirant trouver au plus tôt une solution vraiment conforme à l'amour (principe du « moindre mal »).

- Avez-vous **toujours** la possibilité, ensuite, de **réaliser votre choix** ? La réponse est NON, pas toujours ! D'ailleurs, il se peut que, en cours de réalisation du désir, on change d'avis et que l'on renonce….ou qu'un obstacle survienne. C'est la volonté qui nous permet de donner suite, si possible, jusqu'au bout, à un bon désir. C'est elle aussi qui nous fait résister à la réalisation d'un mauvais désir.

Dans certains cas, on a choisi de réaliser un désir conforme à l'amour en principe, mais dont **la réalisation serait prématurée**. Il faut alors **savoir attendre,** pour que, non pas le choix, mais la réalisation, ne risque pas d'être contraire à l'amour ! (par exemple, savoir attendre de connaître l'autre vraiment, quand l'attirance qu'on éprouve à son égard nous fait désirer un rapprochement ….dangereux)!

La maturité d'une personne se juge d'après sa capacité à savoir « différer » la satisfaction de son désir quand c'est nécessaire.

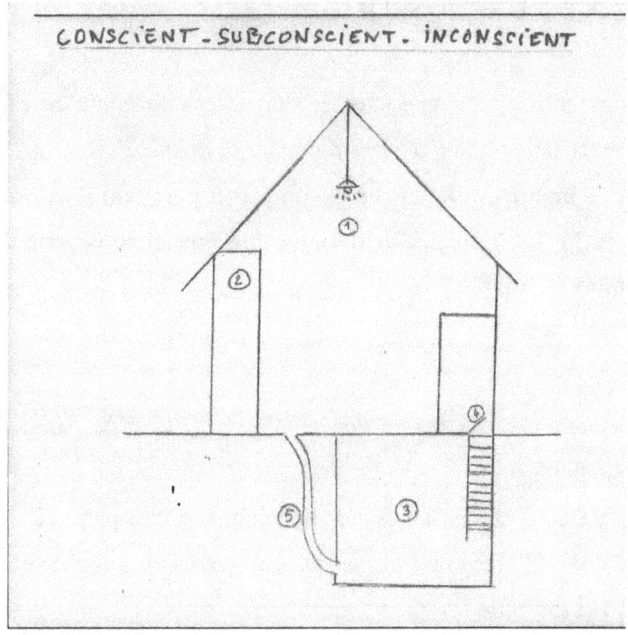

(1) Conscient
(2) Subconscient
(3) Inconscient
(4) Surmoi
(5) Trajet des désirs refoulés

CHAPITRE 8

L'AMOUR

POUR LES ANIMATEURS

CE QU'IL FAUT FAIRE PASSER :

Définir l'amour, comprendre ses composantes et leur nécessaire équilibre est indispensable pour donner sens à notre vie, la diriger vers le BONHEUR.
L'homme est en effet « image de Dieu », en premier lieu parce qu'il est un être d'amour ayant en lui un besoin/désir d'aimer et d'être aimé comme il s'en trouve en la Trinité divine.

1°) **Idées forces :**
- Définition : L'amour est volonté de don et d'accueil, réalisée dans le concret en vue du bonheur.
- Dans l'amour il y a deux composantes dont l'équilibre est indispensable:
- **D'une part le don** à l'autre de tout ce qui est nécessaire au véritable bonheur de celui-ci (ou celle-là).

- **D'autre part, l'accueil** de notre propre bonheur de la part de l'autre dont on accepte alors **librement** de dépendre pour être heureux.
    - Les deux composantes de l'amour évoluent au cours de la vie
    - Le déséquilibre entre don et accueil nuit à l'amour
    - Il n'y a pas d'amour sans liberté.
    - L'amour suppose la confiance !

2) **Développement du sujet** :

Quand deux être s'aiment, à la manière de Dieu :

Le premier (A) désire DONNER à l'autre (B) tout ce qui est nécessaire à son bonheur.

Et en même temps il ACCUEILLE son bonheur de la part de l'autre en acceptant librement de dépendre de lui pour être heureux(se)

A 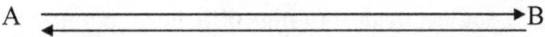 B

Pareillement, le deuxième (B) désire DONNER au premier (A) tout ce qui est nécessaire à son bonheur et pareillement il ACCUEILLE son bonheur de la part de l'autre (A) en acceptant de dépendre de lui pour être heureux.

Dire à quelqu'un « je t'aime », c'est pourvoir lui dire :
- JE suis heureux (se) que TU existes
- tu es important (e) pour MOI
- je ferai tout pour que TU sois heureux (se).

L'amour est donc un acte de volonté par lequel on vit concrètement le DON et l'ACCUEIL.

Cette manière d'aimer devrait se réaliser à l'âge adulte.

Au cours de sa vie, l'être humain passe par des étapes qu'il faut accepter afin de « donner le temps au temps » pour la maturation de l'amour.

  a) Il y a d'abord l'étape **captative** : l'enfant vit une dépendance qui peut être aliénante, il aime être aimé. Il ne peut pas encore vivre un amour qui soit pleinement DON.

  b) A partir de l'adolescence, l'aspect DON apparaît peu à peu, bien que l'amour de l'autre reste encore marqué par un certain « **égocentrisme** » : j'aime l'autre pour moi.

c) L'évolution affective amènera à dire : « j'aime l'autre pour lui-même ou pour elle-même ».

d) L'aspect ACCUEIL avec acceptation de dépendre de l'autre par amour marquera peu à peu la sexualité, à travers l'amour du couple, entre autres.

Donner à l'autre ce qui est nécessaire pour son bonheur véritable semble normal, même quand cela implique des sacrifices. Mais, en fait, **accepter de renoncer à sa chère indépendance pour dépendre de l'autre (dans une dépendance d'amour) pour son bonheur à soi, est beaucoup plus difficile et suppose la** *confiance* **(qui n'est pas naïveté)** !

On voit l'importance de l'enjeu, dans l'amour. Aimer vient d'un choix, de notre part, qui doit absolument être libre puisqu'il nous engage.
Il ne peut y avoir d'amour sans LIBERTE !

OBSTACLES A L'AMOUR

Pour aimer, il faut éliminer des obstacles importants :

1) LA MEFIANCE

Pour donner et accueillir, il faut être convaincu(e) :
- que l'autre vaut la peine que je lui donne et qu'il sera capable d'accueilli.
- que l'autre sera capable, à son tour, de me donner.
- que je vaux la peine qu'on me donne.
- que je serai capable d'accueillir.

Donc, l'amour suppose, de ma part, que je fasse **confiance en l'autre mais aussi confiance en moi-même.**

a) **confiance en moi-même** :

On a déjà vu dans les précédentes fiches comment nous sommes affrontés très vite, dans notre vie à **un ressenti de manque d'amour** et comment cela entraîne en nous le sentiment de « culpabilité/infériorité ». Cela nous amène **à douter de nous-même,** de notre capacité à donner et accueillir, donc à aimer! Il nous faut donc lutter contre **ce sentiment de « culpabilité/infériorité ».**

        b) confiance en l'autre :
C'est l'éternel problème des « amoureux ». Comment être certain de l'autre ?
- Si ma confiance en l'autre vient de ma « raison » (mon « âme corporelle »), je puis avoir de fortes raisons et convictions, **mais pas de certitude concernant la confiance** que je puis avoir en l'autre (il s'agit d'un amour « philos »).
- **Si ma confiance en l'autre vient seulement de ce que je ressens dans mon corps, des « sensations »** éprouvées quand je me rapproche de l'autre (même par téléphone….), tout cela peut se reporter sur une toute autre personne qui serait capable de m'émouvoir d'avantage, car il s'agit d'un « **amour éros** » dans lequel la confiance est donc très fragile et la déception facile.
- Si ma confiance en l'autre vient de ce que j'ai la **certitude de l'amour de Dieu pour moi et pour lui (ou elle),** alors ma confiance en l'autre **s'enracine dans la certitude de la justesse de ma confiance en Dieu**. C'est la certitude que Dieu nous a appelés, l'autre et moi, à ressembler à son Fils, à être, donc, capables d'un amour spirituel « agapè » (Rm 8, 28-30). Certes, connaissant les limites humaines, je n'ignore pas les chutes possibles de l'autre et de moi-même. **Mais mon « esprit » entre alors dans cet amour « agapè » et ma « personne » entière s'achemine vers le Bonheur car cet amour agapè va se servir de toutes les ressources de l'esprit, de l'âme spirituelle, de l'âme corporelle et du corps, pour les orienter vers l'amour véritable.**

2) L'ILLUSION

Pour aimer, il faut être en vérité. **Le mensonge**, mais aussi l'**erreur**, font illusion et empoisonnent l'amour. Soyons donc toujours « en vérité » dans notre « position de vie », c'est-à-dire dans notre façon de nous positionner par rapport aux autres.

Il y a, en gros, trois façons de nous positionner devant les autres :

- **position « sauveteur »**, soit **« charitable »** (qui rend toujours service et même en « rajoute », mais qui importune tout le monde par son insistance). Il croit accumuler des mérites par ses propres forces et exige que Dieu et les autres le reconnaissent. Soit **sauveteur dictateur** qui soumet les autres à son emprise, soi disant « pour leur bien », mais en réalité en fait ses esclaves et, en fait, se moque de Dieu dont il n'attend rien puisqu'il œuvre lui-même pour sa propre gloire. Celui qui est en position « sauveteur » ne sait que « donner », mais mal. Il ne sait pas accueillir. Il n'est donc pas dans l'amour !
- position **« victime »**, **soit revendicatrice**, réclamant sans cesse réparation du tort envers elle dont elle accuse les autres, jamais satisfaite. **Soit déprimée**, incapable de faire confiance aux autres ….ni à elle-même, incapable de volonté et d'effort. Cette position ne comporte pas de don et l'accueil y est vicié. Il n'y a donc pas d'amour dans la position « victime » !
- La **position juste**, **en vérité**, c'est celle de la merveille que nous sommes chacun aux yeux de Dieu, mais aussi celle du pécheur, auquel Dieu accorde, par amour, sa miséricorde et sa compassion.

3) LA CONFUSION

Entre faux et véritable amour, comme on vient de le voir. Confusion entre amour éros, philos, agapè.

Ces trois sortes d'amour ne sont pas en opposition, mais doivent être complémentaires et se renforcer entre elles. Cependant, leur valeur est différente : l'amour agapè nous introduit à l'amour que nous connaîtrons dans le Royaume et le Bonheur qui en résultera.

Ainsi, il ne saurait y avoir opposition, entre l'amour envers Dieu et l'amour envers le prochain, ni non plus parallélisme sans rencontre, entre les deux ! Confusion aussi entre vraie et fausse liberté, comme on l'a vu au chapitre 4.

4) LE MANQUE DE LIBERTE

Tout ce qui nous empêche d'être libre nous empêche d'aimer vraiment. Ainsi, la « **passion** » qui est une attirance telle, vers quelqu'un, que nous ne somme plus capables de maîtriser nos réactions n'est pas de l'amour : c'est une **emprise**, un esclavage ! C'est pour cela que je dois **apprendre à maîtriser toutes mes réactions pour ne pas être dépassé par elles** !

REFERENCES BIBLIQUES

1 Th 5, 23 (les 3 composantes de la personne) / Mt 25, 31-46 (synthèse entre amour de Dieu et du prochain) / Lc 10, 27(hierarchie des amours) / Lc 16, 13(nul ne peut servir deux maîtres) / 1 Co 10, 31-33, montrant que toute notre vie converge vers Dieu. De même Col 3, 17.

La confiance : Hb 5, 7 - Mt 26, 39 – Mt, 19, 26 – Rm 6, 3-

ABORD PEDAGOGIQUE

Première question : Quand j'aime quelqu'un, qu'est-ce que je cherche à lui donner, qu'est-ce que j'accueille de lui? REPONSE :le véritable bonheur, dans une démarche de DON et d'ACCUEIL

Deuxième question :

Dans l'amour que je ressens

a) pour des parents (père, mère, grand-père, grand-mère) – pour ma fratrie (frères, sœurs) – pour ma famille élargie…,
b) pour des camarades et ami(e)s,
c) pour un « copain », une « copine »,
d) pour les gens en général,
e) pour ceux qui me protègent (les saints, mon ange gardien….),
f) pour Dieu,

quelle différence et quelle ressemblance y a-t-il ? Est-ce de l'amour dans tous les cas ? Quelle en est la source ? Quelles en sont les manifestations ?
Y a-t-il incompatibilité entre certaines de ces amours ? Par exemple, est-ce que je peux aimer à la fois Jésus et mon copain ?

REPONSE : la ressemblance, c'est que toutes ces amours viennent d'une unique source qui est Dieu. C'est pourquoi, en Lc 10, 27, Jésus nous dit que nous avons à aimer d'abord la Source, mais aussi le prochain, tous nos prochains **ainsi que nous-même**. Jésus nous dit aussi (Mt 25, 31-46) qu'aimer son prochain, c'est aimer Dieu. Par contre, les manifestations de chaque sorte d'amour sont différentes, faisant intervenir plus ou moins, selon le cas, le corps, l'âme corporelle, l'âme spirituelle ou l'esprit. Il n'y a pas concurrence, mais complémentarité, synthèse et non opposition ou parallélisme entre les différents aspects de l'amour. Bien montrer que le but final est la plénitude de l'amour agapé, **en Dieu**, dans le Royaume, ce qui nous donnera la plénitude du BONHEUR.

On peut aimer Jésus et son copain…à condition d'être en vérité, vraiment libre, dans la confiance et donc **capable d'assumer toutes les *responsabilités*** qui découlent de cet amour !

Troisième question :

Qu'est-ce qui me pousse à me vanter auprès des autres et me montrer parfois différent de ce que je suis vraiment ?

Cela est-t-il bon pour l'amour ?

Cela me procure-t-il un vrai bonheur ?

Pourquoi je cherche à me justifier quand on m'accuse faussement ?....en particulier quand cela vient de quelqu'un dont je recherche l'amour ?

REPONSE : Ce qui me pousse à présenter une image avantageuse de moi-même, c'est surtout **le besoin d'être « reconnu », d'être aimé**. J'ai l'illusion de croire qu'en étant « super », cela va forcer l'admiration des autres et leur amour pour moi ! C'est faux et je provoque probablement plutôt de l'envie ou de la jalousie en me faisant passer pour un « crac ». C'est la déception qui m'attend alors et peut-être le désespoir, la fuite dans les fausses satisfactions que me propose « le monde », le renfermement sur moi, le cynisme et la fermeture du cœur !

Cette attitude est mauvaise pour l'amour, **car je n'y suis pas en vérité** et que cela m'empêche d'aimer vraiment.

La bonne attitude, c'est de **lutter contre mon « sentiment d'infériorité-culpabilité »** en pardonnant à ceux qui me l'ont inculqué, de comprendre la valeur que j'ai aux yeux de Dieu et l'importance de suivre Jésus sur le chemin de l'amour !

Ce qui est essentiel pour l'amour, c'est d'être en VERITE car c'est à ce prix qu'il peut y avoir la CONFIANCE indispensable pour l'amour.

Bien sur, nous souffrons des fausses accusations dont nous pouvons être l'objet, mais ce qui est important, ce n'est pas de vouloir passer pour « parfait » (ce serait illusoire et....prématuré!) mais de donner aux autres la preuve, par nos actes, que nous sommes capables :

- d'aimer vraiment
- **de savoir demander pardon à Dieu et aux autres pour nos refus d'amour (c'est-à-dire pour nos péchés !).**

- de reconnaître notre faiblesse et de solliciter envers elle la compassion de Dieu et des autres !

CHAPITRE 9
MAITRISE DE LA SEXUALITE

POUR LES ANIMATEURS
CE QU'IL FAUT FAIRE PASSER :

La maîtrise de notre sexualité consiste à **la rendre conforme au Plan de Dieu sur nous et sur les autres**. Autrement dit, à en faire un instrument de progression en amour, puisque le Plan de Dieu sur nous est orienté vers le BONHEUR par l'AMOUR. Il faut donc poser comme principes de base :

    1) Le fait que l'amour est don et accueil (jamais l'un sans l'autre !).
Par conséquent il exige l'acceptation d'une dépendance (d'amour).

    2) La reconnaissance de Dieu comme source de notre amour et de notre sexualité. **Nous ne sommes donc pas les propriétaires de notre sexualité et avons des comptes à rendre à Dieu** quant à l'utilisation que nous en faisons (que ce soit la sexualité « en général » ou la génitalité).

    3) Tout ce qui concerne la maîtrise de notre sexualité met en jeu à la fois **nos capacités** qui sont merveilleuses, mais aussi **notre faiblesse devant l'attrait des convoitises que nous portons en nous.**

La lutte contre tout ce qui fait naître ou renforce nos convoitises est capitale pour la maîtrise de notre sexualité.

Ainsi, **l'élimination de notre sentiment de culpabilité/infériorité sert à la maîtrise de notre sexualité** puisque cette élimination freine nos convoitises.

Il en est de même pour tout ce qui remet **notre « position de vie »** dans la vérité au lieu de l'illusion. En effet, une « position » de vie de sauveteur comme de « victime », dans l'illusion, s'exprime particulièrement au niveau de notre sexualité et la fausse !

> **4)** Enfin, nous maîtriserons d'autant mieux notre sexualité que nous serons persuadés que c'est à travers elle que Dieu veut nous faire grandir en amour, vers le BONHEUR ! La sexualité, le bon emploi que nous en ferons font partie du Plan de Dieu. **C'est la transparence au Plan de Dieu, à la volonté de Dieu sur notre sexualité, qui constitue la PURETE.**

Nous ne pouvons prétendre obéir à Dieu, respecter son Plan sur nous et les autres en nous préoccupant de suivre Jésus seulement au niveau de nos relations sociales avec les autres si, par ailleurs, nous ne respectons pas le Plan de Dieu sur notre sexualité (autrement dit, si nous négligeons la pureté) ! Le respect de la volonté de Dieu est un tout. On ne peut y choisir ce qui nous plaît bien et rejeter ce qui nous plaît moins ….où pas du tout !

La CHASTETE, c'est l'application de la pureté dans le concret de la vie de chacun. Sa nécessité s'applique à tous, mais **ses modalités varient selon l'état de vie et le concret de la situation de chacun.**

3) Références bibliques :

Psaume 50 (la pureté est une grâce de Dieu) / Mt 25 (ce que vous faites au plus petit d'entre ceux-ci qui sont mes frères…) / Dn grec 13 (l'histoire de Suzanne).
Le document de ZENIT sur le retentissement de notre comportement sexuel sur les autres (8 décembre 2007).
Le scandale : Mc 9, 42.
La « pureté » des pharisiens (Mt 5, 10-20).
Mt 19, 10-12 : Jésus explique l'option du célibat en vue du Royaume.
Is 56, 3-5 : la dignité de l'eunuque.

Lc 14, 28-32 : nécessité de discerner l'appel à un certain état de vie.

ABORD PEDAGOGIQUE

<u>Première question</u> : Quelle est la **différence essentielle entre sexualité humaine et animale ?**
Réponse : Contrairement à l'animal, l'homme a la maîtrise de sa sexualité dans la mesure où il la rend conforme au Plan de Dieu, c'est-à-dire au service de l'amour, en vue du BONHEUR.

<u>Deuxième question</u> : Puisque l'homme a un certain pouvoir (de maîtrise) sur sa sexualité, peut-il se servir de sa sexualité pour satisfaire n'importe lequel de ses désirs ?
Réponse :L'homme n'est que l'utilisateur de sa sexualité, **non le propriétaire**, et il a donc des comptes à rendre au propriétaire, Dieu, qui désire que l'homme ne gaspille pas sa sexualité et compromette alors l'amour et donc le Bonheur.

<u>Troisième question</u> : Qu'est-ce que « gaspiller sa sexualité » ?
Réponse : Gaspiller sa sexualité, c'est l'utiliser autrement que pour l'amour, sans amour, ou contre l'amour. Par exemple afin de jouir d'un pouvoir sur l'autre, ou pour seulement s'amuser au détriment de l'autre ou même en détruisant l'autre, en piétinant sa personnalité, sa dignité, son besoin d'être aimé(e). Gaspiller sa sexualité, c'est aussi renoncer à lui faire donner les fruits que Dieu en attend. Par exemple en se repliant sur soi-même au lieu d'entreprendre avec les autres des relations positives, (que ce soit par paresse, par peur exagérée de l'autre sexe, par indifférence vis-à-vis du prochain...etc).

Illustration par un exemple :
Reynald, un garçon de 15 ans est plutôt « beau gosse » et il le sait. Pas mal de filles le savent aussi et s'en disputent les faveurs. Reynald connaît comment « faire monter les enchères » en excitant leur jalousie : un baiser furtif sur la

bouche, un regard langoureux ou provoquant, un SMS à la fois prometteur et vague. Tout cela non pour le bonheur de la fille, mais pour la jouissance de la mener comme poisson au bout de la ligne et la laisser tomber dés qu'une autre mordra à l'hameçon. Qu'est-ce que Reynald va récolter là dedans dans le présent ? et quel avenir se prépare-t-il ?

- Un bon exercice serait de proposer aux jeunes de monter le scénario correspondant du côté fille : comment, à leur avis, s'y prendrait-t-elle ?

<u>Quatrième question</u> : Quand on a parlé des désirs, on a vu que leur satisfaction entraînait un plaisir ou même, s'il s'agissait du « désir fondamental d'être aimé et d'aimer», entraînait un véritable bonheur.

Notre sexualité comporte des désirs. Comment savoir si la satisfaction de tel ou tel de ces désirs nous apportera bonheur ou malheur ?

Réponse : C'est **la conformité à l'amour de ces désirs ou, au contraire, leur opposition à l'amour qui va en décider** ! Cependant, il ne faut pas seulement voir le résultat immédiat de la satisfaction d'un désir, qui peut apporter un plaisir passager, mais ensuite un malheur !

On voit, en tous cas, que **la recherche de plaisir dans la sexualité est bon….mais à condition qu'il soit conforme à l'amour.**

Ainsi, quand un couple s'est engagé formellement dans l'amour, par le sacrement de mariage, **le rapprochement de l'homme et de la femme**, au niveau corps, cœur, esprit, entraîne un plaisir bon et utile pour leur croissance en amour, car plaisir voulu par Dieu pour cette croissance.

Par contre, quand ce même rapprochement n'est pas réalisé dans un amour véritable, il peut, certes, donner du plaisir dans l'immédiat, mais aussi, hélas, tôt ou tard, du malheur s'il y a refus d'un engagement à l'amour.

Il ne faut donc pas considérer comme péché ce qui n'en est pas et comme bon ou indifférent ce qui est bel et bien péché !

<u>Cinquième question</u> : On a vu le lien très fort, selon le Plan de Dieu, **entre l'amour pour le prochain et la sexualité** (qu'il s'agisse de la sexualité en général ou plus spécialement de la génitalité).

On a vu, par ailleurs, que Dieu avait attaché à l'exercice de notre sexualité humaine un plaisir bon et même utile **quand cet exercice était conforme à l'amour** pour le prochain.

Faut-il en conclure que quand il n'y a pas vraiment de préoccupation d'amour vis-à-vis du prochain, la recherche de plaisir dans la sexualité manque son véritable but ?

Réponse : Bien entendu, il ne peut y avoir d'amour dans une recherche de plaisir d'où est **exclue la recherche du bonheur véritable de l'autre.** Il en est ainsi quand l'homme ou la femme, en se rapprochant, n'ont en réalité aucune préoccupation du véritable bonheur, aucune préoccupation de la joie (par le plaisir) qu'attend l'autre. C'est vrai sur le plan de la sexualité en général comme sur celui de la génitalité. C'est le cas, par exemple, de ces hommes ou de ces femmes qui font semblant d'aimer, attirent « l'autre » de plus en plus loin, pour ensuite « laisser tomber » en s'en moquant !

C'est vrai aussi en ce qui concerne **la recherche de plaisir dans la « génitalité » de façon solitaire** (sans préoccupation réelle du « prochain », considéré(e) seulement en imagination). Dans cette dernière éventualité, il s'agit souvent d'une **crainte dans l'abord normal de l'autre sexe avec un blocage** malencontreux! C'est le cas de la **« masturbation habituelle »**.

On voit bien, à l'opposé, qu'aborder l'autre sexe dans le cadre d'une fréquentation respectueuse, simple, sereine et en vérité, aide les jeunes à l'indispensable connaissance de « l'autre » en vue d'un amour véritable ! Il y a là une occasion de plaisir bénéfique !

<u>Sixième question</u> : Qu'est-ce que la chasteté ?

Réponse : C'est l'application de la pureté au concret de notre vie, dans l'état de vie et la situation où chacun se trouve.

Il en résulte que l'exercice de la chasteté, **nécessaire pour tous, se réalise de façons différentes selon les cas.**

Ce qui est demandé par Dieu à l'un ne l'est pas à l'autre....mais tous ont à diriger leur vie selon la pureté qu'elle exige afin de répondre à l'appel à l'amour que Dieu lance à tous les hommes.

<u>Septième question</u> : Y a-t-il contradiction entre les désirs qui montent en nous du fait même de notre sexualité et l'appel à aimer que tous les humains ressentent comme un besoin fondamental ?

Réponse : Dieu donne à chacun l'intelligence, la force et le courage de **discerner et accomplir ce qui est le meilleur pour l'amour, dans les circonstances de la vie de chacun.**

C'est ainsi que Dieu peut nous inviter à employer l'énergie contenue dans notre sexualité (et particulièrement notre génitalité) non pas en satisfaisant les désirs habituels de notre sexualité, dans un exercice pourtant normal et bon en soi de cette sexualité, **mais en renonçant à certains de ces désirs.**

Par le renoncement à ces désirs, quand c'est vraiment à la demande de Dieu, **nous montrons que nous lui faisons confiance.**

C'est dans cette perspective que certains renoncent à se marier pour répondre à un appel particulier de Dieu sur leur vie.

Pareillement, mais d'une autre façon, ceux qui sont engagés dans le mariage, acceptent aussi, par amour, de renoncer à satisfaire une partie de leurs désirs et d'orienter l'énergie de leur sexualité vers ce que l'amour exige d'eux, selon les circonstances.

Déjà, dans l'adolescence, nous pouvons suivre Jésus en renonçant à satisfaire certains désirs qui montent en nous de façon « naturelle », **afin de mieux nous préparer à une vie d'amour véritable** et non gaspiller la formidable et merveilleuse énergie que Dieu a mis en nous en vue de notre bonheur par l'amour !

Oui, je veux morebooks!

i want morebooks!

Buy your books fast and straightforward online - at one of world's fastest growing online book stores! Environmentally sound due to Print-on-Demand technologies.

Buy your books online at
www.get-morebooks.com

Achetez vos livres en ligne, vite et bien, sur l'une des librairies en ligne les plus performantes au monde!
En protégeant nos ressources et notre environnement grâce à l'impression à la demande.

La librairie en ligne pour acheter plus vite
www.morebooks.fr

VDM Verlagsservicegesellschaft mbH
Heinrich-Böcking-Str. 6-8   Telefon: +49 681 3720 174   info@vdm-vsg.de
D - 66121 Saarbrücken   Telefax: +49 681 3720 1749   www.vdm-vsg.de

www.ingramcontent.com/pod-product-compliance
Lightning Source LLC
Chambersburg PA
CBHW020808160426
43192CB00006B/485